La Dame à la Licorne

Interprétation symbolique

Loge Féminine
HEPTAGONE

La Dame
à la
Licorne

Interprétation symbolique

La Maison de Vie

Collection
La Franc-Maçonnerie initiatique

Pierre DANGLE, *Le livre de l'Apprenti.*

Pierre DANGLE, *Le livre du Compagnon.*

Pierre DANGLE, *Le livre du Maître.*

Loge Féminine HEPTAGONE, *Un chemin initiatique pour les femmes (tome 1).*

Loge Féminine HEPTAGONE, *Un chemin initiatique pour les femmes : les valeurs initiatiques (tome 2).*

Loge Féminine HEPTAGONE, *Un chemin initiatique pour les femmes : réflexions sur l'androgyne, le vent, la magie (tome 3).*

Loge Féminine HEPTAGONE, *Proverbes d'hier et d'aujourd'hui, à la recherche du bon sens perdu (tome 1).*

Christopher LODGE, *Quel avenir pour la franc-maçonnerie ?*

Gérard de NERVAL, *Le mythe d'Hiram et l'initiation de Maître Maçon.*

ISBN : 2.909.816.39.7

Avant-propos

Découverte à la fin du XIXe siècle[1] par Prosper Mérimée au château de Boussac dans la Creuse, cette suite de six tapisseries intitulée « La Dame à la Licorne » est, d'après sa facture et ses costumes, généralement datée de la fin du XVe siècle (1490).

Ces célèbres tentures ont donné lieu à bon nombre de questions et à quelques hypothèses plus ou moins hasardeuses. On ne peut encore affirmer par qui elles furent tissées ni à qui elles étaient destinées. « On pense aujourd'hui que le cartonnier qui a peint les patrons des tentures était lié à la cour des Bourbons et que le tissage fut l'œuvre d'un des ateliers du nord de la France, du Brabant, des Flandres ou des Pays-Bas. »[2]

Les historiens s'accordent sur le fait que leurs premiers propriétaires étaient de la famille lyonnaise Le Viste, dont les armoiries sont : « de gueules à la bande d'azur chargée de trois croissants d'argent », armes figurées sur les étendards de chaque tapisserie. Ces dernières auraient été commandées pour Claude Le Viste, fille de Jean Le Viste (mort en 1500), ou bien par Antoine Le Viste pour sa première épouse Jacqueline Raguier.

Par ailleurs, il est probable que ces tapisseries faisaient partie d'un ensemble plus vaste. Dans un inventaire des biens d'Eléonore de Chabannes, petite nièce de Claude Le Viste, il est fait mention de sept tapisseries « à fond rouge où sont représentées des licornes et bestions avec des armes où sont figurés des croissants. »

De même, lorsque George Sand découvrit les tentures, elle mentionna huit pièces dont nous reparlerons à la fin du livre.

---

1. Certains textes mentionnent 1835, d'autres 1847.
2. J.-F. BOUDET, *La dame à la licorne ne laisse pas de fasciner, elle est loin d'avoir révélé tous ses secrets*, Le Pérégrinateur éditeur.

Notre propos n'est pas d'entrer dans la polémique ; l'objet de notre travail en Loge étant d'ordre symbolique, nous nous sommes attachées à percevoir le sens anagogique de ce chef-d'œuvre. Ce sens est une interprétation vivante du symbole, nourriture essentielle pour l'esprit, mode d'approche du mystère. Car il s'agit bien de mystère dont nous parlent ces tapisseries à travers un thème porteur traditionnel en cette fin de l'époque médiévale : celui de la Dame à la Licorne[1]. À la différence de nombreuses tentures du XVe siècle, celles-ci ne portent pas de texte (à l'exception de la devise inscrite sur la tente : « À mon seul désir »). Peut-être pour inciter l'être qui les contemple à en chercher lui-même le message symbolique…

Le mystère de la vie en esprit est de toute éternité, mais ses formulations sont multiples et varient en fonction du temps qui les voit naître. Aussi, nous semble-t-il important, pour tenter de percevoir le message spirituel de « la Dame à la Licorne », de comprendre la mentalité médiévale. Même à cette période tardive où a été réalisé l'ensemble de ces tapisseries et qui voit le basculement définitif du monde traditionnel dans le monde moderne, « le Moyen Âge vibrait encore au sens profond des mots, baigné de sermons religieux, de " mystères théâtraux ", de légendes et de mythologie »[2].

Pour la pensée médiévale, le sacré englobait la vie dans sa totalité.

« La nature n'était pas pensée mais vécue comme un grand corps animé et sacré, expression visible de l'invisible. Les connaissances à son sujet étaient données par des inspirations, intuitions et visions et transmises initiatiquement comme des mystères vivants »[3].

---

1. J. N. Cordier souligne dans son ouvrage *Les mystères de la Dame à la Licorne* (éd. Lacour Colporteur) que ce thème a fait aussi l'objet d'un roman au XIIIe siècle.
2. J. N. Cordier, *Les mystères de la Dame à la Licorne, analyse symbolique, ésotérique et initiatique*, éd. Lacour-Colporteur, p. 11.
3. M. M. Davy, *Initiation à la symbolique romane*, Champs Flammarion, p. 27.

Le Moyen Âge connaissait le langage des animaux, des arbres, des fleurs et des couleurs au travers notamment de l'héraldique, des bestiaires, des floraires et des lapidaires. Les arts libéraux faisaient également partie du grand livre de la nature ainsi que les sciences ésotériques telles l'astrologie et l'alchimie, qui, loin d'être méprisées, étaient pratiquées à la cour des rois. L'art médiéval nous en a laissé témoignage par ses manuscrits, ses enluminures et ses cathédrales.

« L'art véritable indique le chemin de l'Absolu, donc d'une possibilité de réintégrer la conscience universelle ; (...) il veut, avant même le souci esthétique, mettre en forme une idée issue du principe originel.(...) Voilà sans doute une des raisons pour lesquelles les tapisseries de la Dame à la Licorne ont toujours fasciné »[1].

L'ensemble de ces tapisseries représente une Dame richement vêtue accompagnée parfois de sa suivante et encadrée à sa droite par un lion, à sa gauche par une licorne. Tous se situent sur une île de couleur bleu nuit, l'ensemble étant sur un fond rouge parsemé de fleurs coupées. Ce style artistique se retrouve dans d'autres tapisseries auxquelles on a donné l'appellation de « mille fleurs ». Pour autant, il est un élément essentiel à souligner : à la différence des autres tapisseries (notamment celles de la *Vie seigneuriale* datées du début du XVIe siècle), on note ici l'absence d'hommes et d'enfants.

À travers nos recherches, il est apparu que « La Dame à la Licorne » contient un enseignement essentiel pour la spiritualité féminine. Cette direction semble se confirmer lorsque l'on sait qu'à l'époque, certaines femmes conduisaient leur vie, leurs pensées et leurs actes selon un axe spirituel. Citons quelques contemporaines de ces tapisseries telles Anne de Bretagne (1477-1514), deux fois reine de France, Marguerite d'York (1446-1503), épouse de Charles Le Téméraire, Diane de Poitiers (1499-1566), Anne de Beaujeu (1461-1522), fille aînée de Louis XI, régente de France.

---

1. J. N. CORDIER, *Les mystères de la Dame à la Licorne, analyse symbolique, ésotérique et initiatique*, éd. Lacour-Colporteur, p. 10.

Non seulement ces femmes lisaient la Bible et les textes antiques mais elles connaissaient parfaitement la mythologie, la vie de héros et d'héroïnes tels, par exemple, les Preux et les Preuses ou les Sibylles.

On ne peut imaginer la place immense que les Preux et les Preuses occupaient aux XIVe et XVe siècles car ils sont aujourd'hui totalement tombés dans l'oubli.

En dépit de toute logique historique, ils ont trois origines : la Bible, l'Antiquité et les textes des Pères de l'Église, car ce qui compte au regard de la mentalité médiévale, n'est pas la chronologie des faits ou l'historicité des personnages mais bien plutôt leur valeur d'exemple intemporel. C'est pourquoi le Moyen Âge n'hésitait pas à représenter un héros de l'Antiquité avec des costumes de l'époque. Loin de travestir une réalité historique, il faut y voir la volonté de transmettre un enseignement vivant.

Les personnages des Preux et Preuses sont hommes et femmes « de combat », renommés tant pour leurs exploits physiques que pour leurs valeurs morale et spirituelle. S'il existe différents ouvrages qui nous parlent abondamment des Preux, citant en détails leurs faits, il est plus rare aujourd'hui de trouver des textes relatant ceux des Preuses[1]. Ces femmes, d'après les textes du château de la Manta, sont des reines de grande vaillance et de haute valeur spirituelle. Par exemple, les Preuses Sinope et Lampeta sont reines régnant sur la terre de « Féminie, c'est-à-dire sur le royaume où les femmes ont la seigneurie. »

Ne peut-on rapprocher des Preuses, les tapisseries de la Dame à la Licorne qui incarneraient alors un des aspects de la quête de l'esprit pour une voie féminine ?

Quant aux Sibylles dont l'origine remonte à l'Antiquité et qui étaient des prophétesses, ne sont-elles pas aussi un

---

1. Il existe une peinture sur vélin du « Le Chevalier errant », de Thomas III de Saluces qui servit probablement de modèle pour la fresque du château de la Manta (commandée entre 1411 et 1430 par Valerano de Saluces). De plus, un texte figure sous chaque Preuse relatant ses actes de bravoure.

exemple de la spiritualité féminine de l'époque ? Christine de Pisan dit d'elles qu'elles étaient « si fécondes en savoir » qu'elles connaissaient la pensée de Dieu. « Elles furent ainsi appelées car leurs prophéties étaient si miraculeuses que seul l'esprit divin pouvait dicter de telles paroles ; il s'agit donc d'un titre et nom d'un nom propre »[1].

Le souvenir de cette antique sagesse, venant du fond des âges et mise en œuvre par des femmes, s'est maintenu au cours des temps, non seulement parce que les Sibylles prophétisaient, soignaient les malades, mais aussi parce qu'elles « furent considérées comme des émanations de la sagesse divine, aussi vieilles que le monde, et dépositaires de la révélation primitive »[2].

Dans le même ordre d'idée, on ne peut passer sous silence la ressemblance des tentures de la Dame à la Licorne avec la suite des tapisseries consacrées aux Femmes illustres. Celle-ci a été exécutée pour Ferry de Clugny, évêque de Tournai, homme de confiance de Philippe Le Bon, Charles Le Téméraire et Marie de Bourgogne. La tenture fut détruite par un incendie en 1791 mais il en subsiste deux fragments, l'un représentant Pénélope sur son métier à tisser et l'autre Les Femmes cimbres. « C'est essentiellement Pénélope qui retient l'attention dans la mesure où l'héroïne représentée offre une indéniable ressemblance avec la Dame à l'orgue : même coiffure en aigrette, même décolleté en W, mêmes proportions du buste »[3].

Beaucoup d'autres tentures existent telles par exemple *La chasse à la licorne* (musée de New York), mais nous avons volontairement choisi de nous concentrer sur *La Dame à la Licorne* qui nous parle d'éternité et de spiritualité féminine.

Il ne s'agit donc pas tant de savoir qui était cette femme – qui, du reste, change de visage d'une tapisserie à l'autre –

---

1. C. de Pizan, *La Cité des Dames*, Stock Moyen Âge, p. 128.
2. *Dictionnaire des symboles*, éd. Robert Laffont, p. 704.
3. F. Duret-Robert, *in* : Les Tapisseries de Paris, L'Encyclopédie, *Connaissance des Arts*, 4e trimestre 1974.

mais bien plutôt de comprendre les fonctions qu'elle incarne sur les différentes tapisseries. S'agissant d'un chemin spirituel montrant des moments clés de l'initiation féminine, nous avons donc cherché un ordre hiérarchique en évitant l'écueil d'une vision linéaire. Cet ordre n'est pas une numérotation figée mais un chemin proposé pour entrer dans l'univers de La Dame à la Licorne. Car les tapisseries forment un cycle complet ; chacune d'elle est une unité, un chef-d'œuvre, et en même temps toutes sont indissociables les unes des autres et se font écho.

Il nous a semblé essentiel de nommer les tapisseries en fonction d'un sens symbolique et non selon l'interprétation des cinq sens généralement admise. Voici l'ordre et les titres que nous proposons.

La première étape de ce parcours initiatique est *La présentation au temple* où la Dame tient l'étendard et effleure de sa main gauche la corne de la licorne. La seconde tapisserie est appelée *Le langage des fleurs.* La Dame y est représentée tressant une couronne d'œillets rouges et blancs. La troisième tenture où la Dame nourrit un oiseau perché sur sa main gauche a été nommée *Le langage des oiseaux.* La quatrième tapisserie, *Entendre,* représente la Dame jouant d'un orgue portatif. La cinquième tapisserie, *Voir,* figure la Dame tenant un miroir dans lequel se reflète l'image de la licorne qui pose ses deux antérieurs sur ses genoux. L'aboutissement de ces différentes étapes initiatiques est la connaissance. La sixième tapisserie, *Connaître,* représente la Dame déversant de magnifiques bijoux dans un coffret.

Mais avant même d'étudier le sens symbolique de chaque tapisserie, nous allons aborder les éléments essentiels qui les composent, à savoir : l'univers de la Dame au sein duquel se tiennent la licorne et le lion.

Introduction à l'univers de la Dame

L'éternité et l'instant présent

La notion d'éternité est celle d'un temps sacré, étranger au passé, au présent et à l'avenir. Elle est abolition du temps historique et linéaire. L'éternité s'inscrit dans la constante récurrence des cycles symbolisée par le cercle, sans commencement ni fin.

Sur cette île des tapisseries, le temps est une unité qui englobe les saisons. Il est un temps magique et l'on peut le rapprocher de Janus, l'un des dieux les plus mystérieux des Romains, représenté avec deux visages qui s'opposent, l'un jeune et l'autre vieux ou l'un masculin, l'autre féminin.

Janus est le dieu du temps cosmique, unissant l'hier à demain ainsi que celui des passages, des morts, des renaissances, et des initiations. Il est souvent représenté portant deux clefs d'argent et d'or qui sont celles des deux portes solsticiales, les deux points extrêmes de la course du soleil dans l'année, mais également celles des petits et des grands mystères.

« Entre le passé qui n'est plus et l'avenir qui n'est pas encore, le véritable visage de Janus, celui qui regarde le présent n'est, dit-on, ni l'un, ni l'autre que l'on peut voir. Ce troisième visage en effet est invisible parce que le présent, dans la manifestation temporelle, n'est qu'un instant insaisissable ; mais lorsque l'on s'élève au-dessus des conditions de cette manifestation transitoire et contingente, le présent contient au contraire toute réalité »[1].

Si Janus est maître du triple temps, son troisième visage invisible figure « le sens de l'éternité », l'éternel présent.

---

1. R. Guénon, *Symboles de la science sacrée*, Gallimard, p. 125.

C'est dans cet éternel présent, source de création permanente que nous convient les tapisseries de la Dame à la Licorne. L'idée de l'année cosmique qui découle de ce Dieu, est celle de l'éternité qui crée les quatre arbres, les deux animaux sacrés que sont le lion et la licorne, et, au centre de l'île, les scènes de la Dame et de sa suivante.

Les arbres, piliers du ciel

L'île circulaire est un lieu clos, magiquement protégé par sa forme. Dans cet espace à l'image du ciel, les quatre arbres sont l'expression d'une géométrie sacrée. Le carré qu'ils forment ordonne cette île comme un cosmos, lui donnant la dimension d'un temple.

Ils en sont les quatre piliers, aux racines profondément enfoncées dans la terre nourricière, aux faîtes touchant la voûte céleste. « Les arbres sont des sanctuaires dit Hermann Hesse, celui qui sait leur parler, les écouter, apprendra la vérité. Ils n'enseignent ni doctrines, ni recettes, ils proclament, sans se soucier de l'individuel, la loi originelle de la vie »[1].

Selon A. Gubernatis il semble que le mot *arbos* (*arbor*, féminin à l'origine) ait représenté « le croissant », c'est-à-dire ce qui croît, et que dans de nombreuses langues les racines étymologiques des mots arbres signifient « celui qui croît, celui qui s'élève ». Peut-on voir là un lien avec le croissant des armes de la Dame ?

La pensée de nature spirituelle ne peut croître qu'à partir d'un cadre, où espace et temps sont sacrés. Ce lieu est le « centre du monde », là se trouve la source de vie, de jeunesse, d'immortalité. Les quatre arbres de la tapisserie dispensent la vie en esprit, sous quatre formes différentes.

Les arbres ont cette particularité d'absorber l'énergie cosmique et terrestre et de la transformer en nourriture. Ils donnent à la Dame une nourriture d'éternité, étant dépositaires

1. H. HESSE, *Description d'un paysage*, José Corti.

d'une sagesse accessible parce que la Dame a ouvert son intelligence à leur langage. « Saviez-vous que les arbres parlent ? Ils le font pourtant ! Ils se parlent entre eux et ils vous parleront si vous écoutez. (...) Les arbres m'ont beaucoup appris : tantôt sur le temps, tantôt sur les animaux, tantôt sur le Grand Esprit »[1].

Les essences représentées – pin, chêne, houx et oranger – ont toutes un feuillage persistant. Ces arbres peuvent être perçus comme l'éternité vécue au sein du Temple car ils symbolisent, chacun avec leur spécificité et leurs mutations successives, une totalité, la stabilité de la nature, sa pérennité au-delà des cycles. « Un arbre dit : en moi sont enfouis un noyau, une étincelle, une pensée, je suis de la vie éternelle (...) mon rôle est de donner forme à l'éternel et de le présenter dans une empreinte unique »[2].

L'oranger évoque le printemps car il est à la fois en fleurs et en fruits, le pin l'été. Ces deux arbres sont de tonalité chaude, ils vivent dans le bassin méditerranéen, le Sud, et sont gorgés de soleil.

Le chêne et le houx sont associés aux traditions du Nord. Leur tonalité est froide, leur résistance au vent, au froid et à la glace est à toute épreuve. Le chêne évoque peut-être l'automne car il ne porte pas de fleurs mais des glands, le houx serait alors lié à l'hiver car il donne ses fruits à cette époque.

Le fait que les arbres soient au nombre de quatre fait penser aux quatre temps de l'année : les deux solstices (périodes extrêmes de l'année où la lumière arrive pour l'hiver à sa durée minimale et pour l'été à sa durée maximale) et les deux équinoxes (périodes où jour et nuit sont d'égale durée). Ils peuvent être également envisagés comme quatre états de la lumière : d'abord l'aube et le midi puis le crépuscule et la nuit, à l'échelle d'une année. L'éternité se présente alors

---

1. T. C. McLuhan, *Pieds nus sur la terre sacrée*, Denoël, p. 29.
2. H. Hesse, *Description d'un paysage*, José Corti.

comme le milieu matriciel où s'opèrent les mutations de la lumière. Sur l'une des tapisseries, ils ne sont que deux et forment un autre cycle complet, celui du jour et de la nuit. Chez les Celtes, « l'année polaire de la tradition primordiale ne comportait que deux saisons qui étaient respectivement un jour, une nuit »[1]. Qu'ils soient au nombre de deux ou quatre, les temps qui marquent ces arbres ouvrent sur l'infini.

Par leurs différentes places aux quatre angles des tapisseries, il y a un jeu subtil entre leur taille et leur orientation. Les arbres de petite taille ont trois troncs. Ce nombre peut symboliser les trois mondes concentrés dans l'arbre : souterrain par ses racines qui communiquent avec la terre et l'eau, visible par son tronc et ses branches liés à l'air et au feu, invisible par le mystère de son enseignement.

Le fait que les arbres aient tour à tour un et trois troncs peut être également un aspect du mystère de l'unité dans la ternarité faisant écho à d'autres formes ternaires sur les tapisseries, telles que Dame, lion et licorne.

La place des quatre arbres sur les tapisseries

La présentation au temple : la licorne est du côté des arbres d'hiver (trois petits chênes devant un grand houx) tandis que le lion est du côté des arbres d'été (trois petits orangers devant un grand pin). La licorne est la lumière cachée tandis que le lion symbolise la lumière manifestée, lumière vers laquelle se dirige la Dame. D'autre part, le chêne et le houx du côté de la licorne symbolisent la persévérance et la vigilance indispensables pour toute quête spirituelle.

Le langage des fleurs : du côté de la licorne se trouve le pin très élevé et en arrière plan le houx, et du côté du lion se trouve l'oranger de petite taille alors que le chêne en arrière plan est lui très grand. Il y a croisement entre hiver et été (deux diagonales qui relient pin et oranger et houx et chêne).

---

1. C. GUYONVARC'H, *Les fêtes celtiques*, Ouest France université, p. 168.

Le langage des oiseaux : la Dame crée un feu particulier en nourrissant les oiseaux. Or, au premier plan et beaucoup plus grands que les deux autres arbres dominent l'oranger (côté du lion) et le pin (côté licorne) dont on pourrait dire qu'ils touchent le ciel. Il y a peut-être là l'idée qu'il faut quérir une nourriture céleste pour nourrir ce qui est de nature volatile, l'âme en l'occurrence.

Houx et chêne sont présents, donnent leur puissance et leur force mais c'est un feu d'été qui règne, aussi haut que les deux étendards et oriflammes.

Entendre : la licorne est totalement abandonnée et une avec l'oranger (pureté et richesse de dons) tandis que le lion, calme mais vigilant, s'assimile au houx, toujours sur la défensive (il y a là l'idée de garder le trésor). On note également que le chêne et le pin sont presque entièrement masqués par les étendards que tiennent respectivement le lion et la licorne, alors que les feuillages de l'oranger et du houx forment comme une auréole autour des têtes des deux animaux.

Voir : le houx apparaît sous la forme du trois ainsi que le chêne qui se trouve du côté du lion. Ce sont les seuls arbres présents sur la tapisserie. Le chêne symbole de force et d'endurance donne à la Dame sa force pour voir et incarner ce qu'elle voit. Le houx, par ses épines, incarne la connaissance difficilement accessible.

La Dame dans cette scène est assimilée au trône de la sagesse. Dans la Genèse, il est parlé de deux arbres : l'arbre de vie et l'arbre de la connaissance. Le premier donne l'immortalité et le deuxième la divinité. La coexistence de ces deux arbres se retrouve dans d'autres traditions : « à l'entrée est du Ciel, les Babyloniens fixaient deux arbres : celui de la vérité et celui de la vie[1]. »

---

1. M. ELIADE, *Traité d'histoire des religions,* Payot, p. 246.

Connaître : du côté de la licorne se trouve le houx très élevé, et en arrière plan l'oranger ; du côté du lion se trouve le pin et en arrière plan le chêne.

Les arbres ont tous feuilles, fruits et fleurs. Ils sont au maximum de leurs dons. La tente est amarrée au pin (l'été) et au houx (l'hiver). Il y a là l'idée de complétude qui contient la totalité des saisons. Le tronc unique du houx contient les trois troncs de l'oranger ; de même, de l'autre côté, le pin avec son tronc unique contient les trois troncs du chêne.

La licorne

Le seul animal fabuleux de ces tapisseries est la licorne. Elle revêt une grande importance dans la symbolique médiévale, mais on la trouvait déjà dans certains mythes de l'Antiquité. D'ailleurs, la légende de la licorne semble avoir été créée par la « civilisation sumérienne et transmise à l'ensemble du Proche-Orient d'où elle émigra vers le Moyen Âge »[1]. Plusieurs fois mentionnée dans la Bible, la licorne fait son apparition au ve siècle dans les textes occidentaux.

Animal rare et mystérieux, la licorne fait l'unanimité sur ses qualités : Puissance, Courage, Bravoure, Pureté. « On retrouve dans la légende de la licorne, plus peut-être que dans celle du lion, toutes les valeurs que la chevalerie d'Europe a prétendu représenter. " Sa noblesse d'esprit est telle qu'elle préfère mourir qu'être capturée vivante, en quoi la licorne et le vaillant chevalier sont identiques ", nous dit John Guillim dans son classique traité d'héraldique »[2]. Ainsi, dans la mythologie chinoise, la licorne est l'une des quatre créatures qui gardent et surveillent l'empire céleste ; son arrivée sur la terre annonce un âge de lumière gouvernementale et de prospérité civile.

En revanche, sa description physique semble malaisée. Pline dit d'elle que « c'est une bête intraitable semblable à un cheval par le corps, au cerf par la tête, à l'éléphant par les

1. C. Jacq, *Les origines sacrées de la Royauté française*, Le Léopard d'Or, p. 126.
2. B. Faidutti, *Images et connaissance de la licorne de la fin du Moyen Âge au XIXe siècle*, 1996.

pieds, au sanglier par la queue »[1]. Ambroise Paré, chirurgien du XVIe siècle, tenta à son tour d'en donner une image précise, mais ne recueillit que des opinions divergentes : « Les uns disent qu'elle ressemble à un cheval, d'autres à un âne, d'autres à un cerf, d'autres à un éléphant, d'autres à un rhinocéros, d'autres à un lévrier d'attache »[2]. *Le Bestiaire d'Oxford* nous la présente comme « une bête de petite taille qui ressemble à un chevreau et qui est particulièrement sauvage »[3]. Tant et si bien qu'il semble impossible de définir avec certitude l'apparence de cet animal. Cette diversité des descriptions n'est-elle pas une manière de dire que la vérité échappe toujours au dogme et à toute tentative de définition ?

Sur les tapisseries étudiées ici, la licorne apparaît clairement comme un hybride de la chèvre et du cheval. À mi-chemin entre ces deux animaux, elle fait prédominer tour à tour les caractéristiques de l'un et de l'autre : sabots fendus et barbichette du caprin ; corps, crinière et queue d'équidé.

Ces deux animaux évoquent fortement le mystère et l'initiation. Dans les mythes indo-européens, le cheval vient de l'au-delà et peut y conduire de nouveau son cavalier. Il a un rôle de protecteur, de guide et de passeur entre les mondes. Il est dit, dans les steppes d'Asie centrale, que « ses pouvoirs mystérieux suppléent à ceux de l'homme, là où s'arrêtent ceux-ci, au seuil de la mort »[4]. Quant à la chèvre, elle a aussi partie liée avec les mondes inconnus, ainsi que nous le verrons plus loin. Elle est l'initiatrice, celle qui chemine sur les sentiers abrupts de la connaissance initiatique, montrant ainsi aux êtres la voie à suivre.

---

1. *In* : J. N. Cordier, *Les mystères de la Dame à la Licorne,* Lacour-Colporteur, p. 13.
2. Ambroise Paré, cité par H. Gougaud, *Les animaux magiques de notre univers*, éd. Solar, 1973, p. 43.
2. *Le Bestiaire d'Oxford*, éd. Philippe Lebaud, p. 61.
4. J. Chevalier et A. Gheerbrant, *Dictionnaire des symboles*, éd. Robert Laffont, coll. Bouquins, p. 223.

Mais si l'apparence de cet animal varie, il y a cependant quelque chose dont on est sûr : la licorne porte une seule et unique corne, laquelle prend racine au milieu de son front. Pour le reste, rien n'est encore bien défini et l'apparence de la corne est soumise aussi à des divergences. Voici ce qu'en rapporte Ambroise Paré : « Les uns la figurent noire, les autres de bay obscur, et qu'elle est blanche en bas et noire en haut. Un autre dit que vers le haut elle tire sur le pourpre, un autre qu'elle est polie et d'autres que depuis le haut jusqu'en bas elle est rayée tout alentour, comme une coquille de limaçon, par un artifice très beau »[1].

Une chose encore est avancée comme certaine : la licorne naît dans des pays lointains et elle est extrêmement difficile à approcher. Son domaine de prédilection est la forêt, dont elle ne sort que rarement et uniquement sous la protection d'une vierge. C'est pourquoi la licorne apparaît avant toute chose comme un symbole de pureté.

La licorne, symbole de pureté

Par sa blancheur, la licorne évoque la pureté absolue qui ne peut être approchée que par une vierge, symbolisant l'âme pure. *Le Bestiaire d'Oxford* recommande au chasseur qui veut capturer cet animal de mener une jeune fille vierge dans la forêt et de l'y laisser seule. Une licorne ne manquera pas alors de surgir et de trouver refuge à ses côtés.

Cette légende nous enseigne que la licorne, comme l'esprit, loin de se laisser capturer, ne peut que s'apprivoiser librement par la pureté d'âme. Certaines œuvres représentent la Vierge Marie accompagnée d'une licorne[2]. Agenouillée aux pieds de

---

1. Ambroise Paré, cité par H. Gougaud, *Les animaux magiques de notre univers*, éd. Solar, p. 44.
2. Exemples de tableaux : Martin Schongauer, détail de la chasse mystique, retable des Dominicaines, peint vers 1480/1490, musée de Colmar, et la tapisserie au Scnütgen Museum qui montre une licorne posant ses antérieurs dans le giron de la Vierge.

la Vierge, elle symbolise la réalisation de l'âme par les vertus qu'elle incarne : pureté de cœur et d'intention, intégrité et puissance. En ce sens, la licorne est pureté agissante, de cette pureté d'intention qui est à la racine même de l'agir et qui rend celui-ci à la fois utile, fécond et lumineux.

Cette âme pure capable d'attirer la licorne n'a qu'une volonté : la mener au palais pour l'offrir au roi. Car l'âme pure ne veut rien pour elle-même : elle est tout entière à son devoir de rendre à Dieu ce qui lui appartient de toute éternité. Ainsi, la Sagesse qui vient du ciel y retourne après avoir sacralisé la terre dans une circulation d'énergie ininterrompue, allant sans cesse du sacré au sacralisé et inversement.

La pureté est cette qualité de l'âme, cette simplicité qui permet d'attirer la Sagesse afin de la retourner au Ciel. Les médailleurs italiens du XVe et du XVIe siècles avaient parfois recours à ce symbole pour attirer l'attention sur les vertus des Dames dont ils peignaient le portrait. Ainsi, « pour évoquer les qualités de Covella Marzane, Sperandio de Mantoue a coulé sur une médaille son portrait parmi des animaux symboliques. Elle apparaît de face, sur un trône mi-partie licorne, mi-partie chien ; un serpent enroulé autour de son bras gauche semble lui parler à l'oreille. Chasteté, Fidélité, Prudence, sont les vertus de Covella, et, comme l'indique la légende qui entoure le portrait, *Sic itur ad astra,* " C'est ainsi que l'on parvient au ciel " »[1].

La pureté rend l'âme féconde. « Que l'être humain accueille Dieu en soi, c'est bien et dans cet accueil, il est vierge. Mais que Dieu devienne en lui fécond, c'est mieux car devenir fécond par le don reçu, c'est être reconnaissant pour ce don et l'Esprit devient alors femme dans une reconnaissance qui engendre à nouveau »[2]. Associée à la Vierge en tant qu'archétype féminin, la licorne est l'image d'une fécondité spiri-

---

1. B. Faidutti, *Images et connaissance de la licorne de la fin du Moyen Âge au XIXe siècle,* 1996.
2. Maître Eckhart, *Sermons,* Tome 1, Seuil.

tuelle intarissable. Sa corne torsadée évoque le principe de vie. Elle est le symbole du mouvement spiralé de la vie qui se déploie à partir de l'axe immuable de la Sagesse. Cette alliance du mouvement spiralé et du trait droit ne sont-ils pas l'expression de l'Esprit dans la matière, autrement dit la représentation symbolique de la lumière en tant que force divine agissant dans la matière ?

N'est-ce pas là l'incarnation du Verbe de Dieu dans le sein de la Vierge Marie ? Il est dit de Jésus-Christ lui-même « qu'il est une licorne céleste et qu'il a été chéri comme le fils des licornes »[1]. Au Moyen Âge, elle est donc tout naturellement devenue un symbole du Christ, à la fois dans sa pureté et dans son invincibilité.

Priscillien quant à lui, nomme Dieu « unicorne » (*Unicornus est Deus*). *Le Bestiaire d'Oxford* précise : « Le fait que la licorne ne possède qu'une seule corne au milieu du front illustre la parole du Christ : "*Mon père et moi ne sommes qu'un*" »[2].

La corne de cet animal comptait parmi les trésors les plus précieux qu'une cathédrale pouvait posséder. Guido Cavalcanti, poète hermétique italien du XIIIe siècle et maître de Dante, proposa une étymologie du mot « licorne », *il lunicorno* qui signifierait « corne de lune ». Cette interprétation renvoie à l'univers lunaire des tapisseries de la Dame figuré notamment par les trois croissants d'argent.

Dissimulée au cœur des forêts, la licorne est le feu secret de l'hiver, la lumière de la tradition contenue dans les symboles et les rites. Lumière cachée, hivernale, immortelle, n'est-elle pas appelée à se manifester, au travers de la connaissance et de l'amour, par la formulation du Verbe ?

---

1. *Le Bestiaire d'Oxford,* éd. Philippe Lebaud, p. 61.
2. *Ibid.*

La corne, épreuve de vérité

Secrète et pure, la licorne est aussi par son unique corne, symbole de puissance céleste. Cette corne est appelée « Épée de Dieu » ou « Épée de Lumière », car elle tranche le pur de l'impur. À ce titre, elle est garante de la Justice céleste qu'elle met en œuvre. Elle a en effet la capacité divine de chasser le mal et d'instaurer l'ordre à la place du désordre. Elle a le pouvoir de guérir en purifiant. C'est pourquoi lui furent attribuées des vertus médicinales, au premier rang desquelles figure la faculté de détecter la présence du poison.

Ainsi, la corne du narval – qui était considéré comme une licorne de mer – « était employée comme pierre d'épreuve censée révéler la présence du poison dans les mets ». Ambroise Paré déclarait que cette corne était « prise comme chose miraculeuse contre tous venins, et fort estimée des rois, princes et grands seigneurs, et même du vulgaire » (terme employé à l'époque pour désigner la population, sans qu'il faille y voir une connotation méprisante).

C'est dire à quel point la licorne était source de vie dans la tradition populaire. Et cette croyance n'était pas uniquement le fait de l'humanité occidentale du Moyen Âge ; elle était partagée par toutes les grandes traditions, ce qui en fait un symbole universel. Ainsi, les anciens Chinois pensaient que, si par malheur on la blessait, c'est l'humanité toute entière qui en souffrirait. « Sa corne chasse le mal » proclamaient encore les *Védas* de l'Inde antique. Aux premiers temps du christianisme, il était écrit dans le *Physiologus* que le serpent venait cracher son venin dans l'eau avant que les animaux ne viennent étancher leur soif. Devant l'eau empoisonnée, les animaux attendent la licorne qui vient elle aussi s'abreuver. Elle plonge alors sa corne dans l'eau et y dessine la forme d'une croix, ce qui la purifie de tout poison.

Ce que la licorne peut faire pour les animaux, elle le fait aussi pour l'être humain et ce, « en extirpant le mal et le poison du cœur de l'homme ». Valésius, pour sa part, écrivait que

« l'eau dans laquelle a seule trempé la corne de la licorne suffit à protéger le cœur des venins »[1].

À condition toutefois que l'être accepte cette épreuve de vérité et se présente devant la licorne avec toute la pureté d'intention dont il est capable. La licorne présente la particularité de laisser en paix tous les animaux qui l'approchent, sauf ceux de sa propre espèce, qu'elle provoque en combat. Cela signifie qu'elle met à l'épreuve la nature spirituelle de l'être. L'enjeu est la vie de l'âme car la licorne, qui possède le pouvoir de donner la vie éternelle, peut aussi refuser de l'accorder. Sa combativité est une manière de prévenir que le domaine de l'Esprit est infiniment dangereux pour les êtres qui ne l'abordent pas avec la pureté d'intention nécessaire. En effet, la force de Vérité symbolisée par la corne de la licorne peut se révéler une épreuve redoutable pour qui chercherait à l'affronter sans un cœur sincère. Dans le cas contraire, la licorne « connaît » l'être et l'épreuve est purification.

En cela la licorne est une véritable épreuve d'authenticité. Devant elle, l'être est face à la Justice divine. C'est pourquoi on trouve parfois la licorne comme attribut de la Justice, par exemple à Antioche et à Padoue. Et « pour Doublet, dans son histoire de l'abbaye de Saint Denis, la main de justice est une licorne »[2]. Cette main faite de corne de licorne était emblème de royauté et permettait au roi d'exercer la justice selon ses devoirs.

La licorne alchimique

Des alchimistes tels que Eugène Canseliet ont reconnu dans ces tapisseries de la Dame à la Licorne, un chef-d'œuvre de

---

1. Cité par B. Faidutti, *Images et connaissance de la licorne de la fin du Moyen Âge au XIXe siècle,* 1996.
2. C. Jacq, *Les origines sacrées de la Royauté française*, Le Léopard d'Or, p. 126.

l'art hermétique du XVe siècle. Pourtant, la licorne apparaît rarement en alchimie : « Elle figure, en 1598, dans l'une des figures du *Traité de la pierre philosophale* de Lambspringk, et fait une très discrète apparition, en 1616, dans le texte des *Noces chymiques* de Christian Rosenkreutz »[1]. On peut aussi la voir dans une gravure du *Museum Hermeticum*, recueil de neuf traités alchimiques publiés à Francfort en 1625.

Si le lion est associé au soufre philosophal, la licorne passe pour être l'un des symboles du mercure philosophal. Notons qu'« en astrologie, écrit Paul Leutrat, la Vierge est l'un des deux domiciles de mercure, c'est-à-dire l'un des deux signes du Zodiaque qui s'harmonisent le mieux avec lui. Pour elle, Mercure est la planète rectrice qui sélectionne, cerne les possibilités, épure, dépouille, contrôle et discipline. En contrepartie, la Vierge symbolisée par la licorne est l'élément féminin sans lequel rien ne saurait réussir. (...) Elle est l'âme pure, seule capable de recevoir la révélation alchimique »[2].

Au Moyen Âge, la licorne était la compagne de l'alchimiste opérant et si elle est la lumière naissante, « elle est encore l'opération par laquelle les alchimistes, en fréquentes réitérations, recueillent et rassemblent cet esprit igné, élevé au sein de la nature mercurielle », écrit Eugène Canseliet[3] .

Un poème du recueil alchimique *Theatrum chemicum* déclare :

« Je suis la vraie licorne des anciens
qui peut me fendre des sabots à la corne
et recoller mon corps à nouveau
de façon qu'il ne se rompe plus. »

---

1. B. Faidutti, *Images et connaissance de la licorne de la fin du Moyen Âge au XIXe siècle*, 1996.
2. P. Leutrat, *Berry de l'alchimie*, éd. Orionis, p. 89/90.
3. Cité par J.-P. Clébert, *Bestiaire fabuleux*, Albin Michel, p. 224 et suiv.

Sa corne est également associée aux trois couleurs alchimiques : les textes la décrivent tantôt blanche, tantôt sombre (noire ou brune), tantôt rouge (pourpre le plus souvent). Parfois, il est fait mention de ces trois couleurs simultanément[1] : « corne longue d'une coudée et demie, dont la base est blanche, la pointe pourpre et la partie médiane complètement noire »[2].

La licorne participe à la re-création de l'unité divine par l'union du mercure et du soufre, extrait de la *materia prima.* « Comme "*unicorne minérale*", elle peut aussi désigner le vitriol »[3]. « Enfin, elle est fondamentalement androgyne comme l'est Mercure lui-même, et comme doit l'être à la fin de l'Œuvre le *filius philosophorum,* l'or potable, l'unité philosophale »[4].

D'une blancheur absolue, la pureté de la licorne n'a d'égale que sa puissance. Elle concilie la force du cheval, l'endurance de la chèvre, la fulgurance de la foudre, l'épreuve de vérité. Véritable trait de lumière, elle est tout à la fois pleine de bonté et implacable. À l'image de la Justice divine, sa corne est pure et tranchante. On peut voir en elle une représentation de la rectitude de cœur qui permet de cheminer vers la connaissance. Associée au lion comme tenant d'armoiries, elle est porte menant à la Sagesse.

1. Qui symbolisent les trois couleurs fondamentales de l'Œuvre.
2. Elien de Prenestre, cité par B. Faidutti, *Images et connaissance de la licorne de la fin du Moyen Âge au* XIX*e siècle,* 1996.
3. *Visita Interiora Terrae Rectificando Invenies Occultum Lapidem :* Visite l'intérieur de la terre et en rectifiant, tu trouveras la pierre cachée. *Dictionnaire des Symboles,* La Pochothèque.
4. *Ibid.*

Le lion

Cet animal à l'allure royale tient une grande place dans la mythologie et dans l'art médiéval où il est abondamment représenté.

Guillaume de Normandie écrit dans son bestiaire : « Quand le lion dort, son œil veille. En dormant, ses yeux sont ouverts, et clairs, luisants et avertis »[1]. C'est pourquoi on plaçait des têtes de lion aux serrures des temples et aussi devant le portail des cathédrales.

Cet animal représente le gardien du seuil qui veille à ne laisser entrer que des êtres au cœur pur parce qu'il est la vigilance même. Il n'est donc pas étonnant de le retrouver aux côtés de la Dame, tenant avec la licorne l'étendard ou l'oriflamme aux trois croissants d'argent.

On note qu'il y a croisement entre le monde nocturne des tapisseries figuré par la Lune sur les étendards et le lion, animal solaire par excellence car la crinière de celui-ci est Soleil ; sa face est lumière.

Sur le plan astrologique, le signe du Lion[1] est au cœur de la saison d'été, âge de la magnificence et de la maturité. Sa position zodiacale se situe à égale distance entre le solstice d'été et l'équinoxe d'automne, là où le rayonnement de la lumière est à son maximum. Signe fixe, associé à l'élément feu et à l'élément terre, il incarne la volonté de lumière et sa mise en

1. Charbonneau-Lassay, *Le bestiaire du Christ,* L.J. Thot Reprint Milano, p. 42.
2. Les natifs du Lion se situent entre le 21 juillet et le 21 août.

acte. *Le Bestiaire de Cambridge* dit de lui que : « le courage est dans son cœur, la volonté dans sa tête ». Sur le plan physique, il correspond au plexus solaire et au cœur, siège de la conscience spirituelle.

Le lion apparaît comme symbole d'illumination et de discernement qui, associés à la force, deviennent puissance d'action au service de la Sagesse.

Lion et force

Dans l'Europe du Moyen Âge, « Léo, le lion, est le plus puissant des animaux qui peut tenir tête à n'importe qui »[1]. Conscient de sa force, il est toujours vaillant.

Le lion est un animal redoutable qui déchire ses adversaires sans pitié. Le mot latin *leo, leonis* (lion) est « lui-même dérivé du grec *leon* que Schulze rapproche de *Slei* : déchirer, dans le vieil allemand *Slizan* : fendre »[2].

Les *Psaumes* évoquent ce danger bien réel : « Ils ouvrent la gueule contre moi, ces lions déchirants et rugissants ». « Arrache-moi à la gueule du lion »[3].

Dans l'art héraldique, cet animal est souvent représenté « en rage » c'est-à-dire avec la gueule ouverte, la crinière hérissée et les pattes antérieures dressées. Beaucoup d'auteurs antiques ont fait du lion, l'emblème de la puissance guerrière et de la colère car de la même façon que « la chaleur domine chez les individus au cœur ardent dont l'esprit irritable s'enflamme facilement en colère », « les rugissement (des lions) menacent de faire éclater leur poitrail, incapables qu'ils sont de contenir la houle de leur colère ». Dans son aspect négatif,

---

1. J. Rebold Benton, *Bestiaire médiéval,* éd. Abbeville, p. 82.
2. M. Sénard, *le Zodiaque,* p. 151, éd. Traditionnelles.
3. *Psaumes* 22,13 *in* J. Rebold Benton, *Bestiaire médiéval*, éd. Abbeville, pp. 116-117.

le lion représente l'impétusosité, l'orgueil démesuré qui se retourne contre l'être lui-même. En effet, la puissance du feu qu'il contient peut détruire celui qui ne sait pas la maîtriser. Mais le lion est aussi la force solaire qui permet de vaincre les ténèbres. Il combat pour que la lumière rayonne. Les Anciens ne disent-ils pas qu'il salue chaque matin le lever du Soleil par sa « voix » tonitruante ? Son rugissement et sa force déchirent le voile de l'ignorance pour faire triompher la lumière de l'esprit. C'est sans doute pourquoi, dans la tradition chevaleresque, cet animal incarne la noblesse de cœur et d'âme.

« Qui n'a armes, prenne le lion. » dit un vieil adage révélant que le courage du lion est cette force émanant du cœur et permettant de vaincre tous les obstacles.

À condition, toutefois, de ne pas détourner cette puissance solaire à des fins personnelles et de rester vigilant.

Lion et vigilance

Hermès Trismégiste dit du lion qu'il a été doté d'une nature qui se passe du sommeil, identique à celle des dieux. « Toujours éveillés, les lions gardiens du seuil ne relâchent jamais leur vigilance. Ils imposent une épreuve sévère à celui qui désire entrer dans l'enceinte sacrée, exigeant de lui une totale sincérité ».

Les idées de garde, de porte et de lion étaient si bien liées qu'on donnait, dans l'Antiquité, aux cadenas et aux serrures la forme de l'animal. En tant que gardien de la lumière, le lion sait discerner les faiblesses et brûle ce qui est impur.

Sur le socle d'un lion de pierre, à Karnac, en Égypte, est gravée cette phrase : « Je suis celui qui écarte le malfaiteur, je repousse la marche de celui qui transgresse la voie. »

« Lion » ne vient-il pas du grec *lâo* signifiant « je vois » ? Dans la langue hiéroglyphique, on se sert des mêmes signes pour dire « lion » et « voir ». De même nature que la lumière, le lion peut regarder l'astre solaire sans ciller. Mais l'œil du lion ne se contente pas de regarder. En voyant le monde, il le recrée car tout comme le Soleil engendre la vie sur terre, le lion possède le pouvoir de régénération.

Le *Physiologus* nous apprend que « quand la lionne met son petit au monde, il est mort. Elle veille le corps durant trois jours, jusqu'à l'arrivée du lion qui souffle[1] sur le museau de son petit... La lionne reste auprès de lui pendant trois jours entiers, et le contemple. Si elle cesse de le regarder, il ne vivra pas. »

Le lion incarne la capacité de rester en éveil tout au long du chemin. Il symbolise la lumière de la conscience, qui comme le Soleil, doit naître à nouveau, chaque matin. Par son action, le lion nourrit la racine des choses, il entretient la lumière cachée.

Lion et action

Sur les tapisseries, le lion est toujours du côté droit de la Dame, côté de l'action. Animal terrestre à la différence de la licorne, il est puissance d'incarnation de l'Esprit ; il permet la concrétisation de ce qui est abstrait. Sans cet aspect essentiel, la quête de la Sagesse resterait virtuelle.

« Les philosophes naturalistes disent que le lion représente les choses célestes par sa partie de devant, et les terrestres par celles de derrière : la force de l'esprit par la tête, et celle du corps par la queue de laquelle il se sert lorsqu'il entre en courroux »[2].

En héraldique, la position caractéristique du lion est d'être dressé sur ses membres postérieurs tel qu'il figure sur les ta-

---

1. Selon certaines versions, il rugit ou lèche son petit.
2. F. Luz, *Le blason et ses secrets,* Claire Vigne éditrice, pp. 99-100.

pisseries à l'exception de *La présentation au temple et d'Entendre*. « Cette position verticale exprime la tension de l'être vers le haut, vers le ciel, et signifie sa dignité... »[1].

Le lion manifeste le rayonnement de la puissance divine ; sa véritable noblesse est d'agir pour servir plus haut que lui. Il est dit du lion dans le *Physiologus*, que lorsqu'il descend de la montagne dans la vallée, il efface ses traces avec sa queue au fur et à mesure qu'il avance. Le texte fait ensuite une analogie avec le Christ et met en garde le pèlerin : « Toi, homme spirituel, n'agis pas d'une autre manière, quand tu fais l'aumône : que ta main gauche ignore ce que fait la droite », indiquant que le véritable agir est don. L'important est l'acte lui-même et non l'être qui le fait.

Il n'est, en effet, pire vanité que de se croire sage. Sur une voie spirituelle, le grand danger est de croire que l'on peut s'approprier la lumière de la Sagesse. Le feu symbolisé par le lion se transforme alors en feu destructeur et brûle l'impudent qui voulait le dévier. À l'inverse, si ce feu est maîtrisé, il devient force d'élévation qui grandit en puissance et en sagesse.

Sur les chapiteaux de certaines cathédrales se trouvent des lions ailés, symbolisant le feu du désir spirituel qui donne des ailes à l'âme. Il est dit dans l'*Apocalypse* : « Le lion ailé est un guerrier qui porte un message céleste, celui de l'ange. Le lion doit devenir le commencement et la fin, l'alpha et l'omega, ainsi tu briseras le sceau et tu ouvriras le livre. Tu liras le texte de la banderole que détient le lion ailé ».

Le feu du lion, une fois sublimé c'est-à-dire orienté vers le divin, devient force de transmutation pour s'élever vers l'Esprit.

---

1. G. de Sorval, *Le langage secret du blason*, Dervy, p. 119.

Le lion, agent des transmutations

L'alchimie, art des transmutations, utilise le symbole du lion pour évoquer ces dernières. « Le premier agent magnétique servant à préparer le dissolvant, ... est appelé Lion Vert, non pas tant parce qu'il possède une coloration verte, que parce qu'il n'a point acquis les caractères minéraux qui distinguent chimiquement l'état adulte de l'état naissant. C'est un fruit vert et acerbe, comparé au fruit rouge et mûr. C'est la jeunesse métallique sur laquelle l'évolution n'a pas ouvré, mais qui contient le germe latent d'une énergie réelle, appelée plus tard à se développer. (...) C'est l'imperfection actuelle d'où sortira la plus grande perfection future. (...) Quant au Lion Rouge, ce n'est autre chose, selon les Philosophes, que la matière, Lion Vert, amenée par certains procédés à cette qualité spéciale qui caractérise l'or hermétique ou Lion Rouge »[1].

Le lion alchimique est le feu transmuté, agent des opérations successives de l'œuvre. C'est pourquoi les alchimistes l'appellent « leur Mâle ou leur Soleil ». Il représente la partie fixe, ou matière capable de résister à l'action du feu. Or, c'est le passage par le feu qui permet de fixer le volatil.

Roger Bacon dit qu'« il faut que le corps devienne esprit et l'esprit devienne corps »; c'est, dit-il la solution de l'œuvre. Par le feu de son rugissement, par l'ardeur de son action, le lion permet la concrétisation, l'incarnation de l'esprit.

« Dissous et nourris le vray lion du sang du lion vert car le sang fixe du lion rouge est fait du sang volatil du vert, parquoy ils sont tous deux d'une mesme nature »[2].

Le lion en tant qu'agent des transmutations, mène vers l'accomplissement évoqué par le logion n° 7 de l'Évangile de Thomas :

---

1. Fulcanelli, *Le Mystères des cathédrales,* éd. Pauvert, pp. 120-121.
2. Basile Valentin, in *Le Mystère des cathédrales* de Fulcanelli, éd. Pauvert, p. 121.

« Bienheureux est ce lion que l'homme mangera en sorte que le lion devienne homme. Mais maudit est l'homme que le lion mangera en sorte que le lion devienne homme. »

Lorsque l'homme mange le lion et que le lion devient homme, cela signifie que l'être a ingéré le feu du lion et qu'il a su le transmuter en action au service du divin. Il incarne réellement son désir de Dieu. Dans ce sens, le lion est « heureux », car sa nature lumineuse est accomplie. On peut alors parler de sacrifice, entendu comme « faire le sacré » : le lion se donne en nourriture pour faire croître l'esprit. Si, en revanche, l'être humain se laisse avaler par le feu du lion, qui incarne aussi la puissance d'individualisation, il est brûlé, anéanti. Le lion représente le passage périlleux qui conduit l'être vers les mutations de l'âme, selon l'orientation de son désir.

« Mon poids, c'est mon amour », écrit sainte Thérèse d'Avila : « Nous ne pesons rien par nous-mêmes et si nous ne nous purifions pas par le feu intérieur, le feu extérieur nous guette »[1].

Pour incarner pleinement le désir de sacré, il est nécessaire de maîtriser et de purifier le feu dévastateur du lion qu'est la vanité. Alors, la nature solaire du lion se révèle en tant qu'or spirituel, autrement dit le lion devient symbole de la conscience du divin et de son rayonnement.

Si le lion, en alchimie, a de nombreux noms dont celui de soufre, il est aussi l'or parfait, plus pur que tous les ors terrestres. La matière, à ce stade de perfection, « transforme les métaux imparfaits en sa propre substance, c'est-à-dire en or, tout comme le lion dévore les autres animaux et les tourne en sa substance, parce qu'il s'en nourrit. »[2]

---

1. P. Naudon, *Les loges de Saint-Jean*, Dervy, p. 65.
2. Dom A. J. Pernéty, *Dictionnaire mytho-hermétique,* Arché Milano 1990, p. 250.

On retrouve la même idée à travers l'énigme proposée par Samson aux Philistins (*Livre des Juges,* XIV) : « De celui qui mange est sorti ce qui se mange, du fort est sorti le doux. Samson ayant tué un lion vit quelques temps après un essaim d'abeilles qui avait élu domicile dans le cadavre si bien qu'il put en tirer du miel qu'il mangea sur le chemin et partagea avec ses parents »[1].

Dans ce texte, la mort du lion illustre l'étape indispensable pour que s'opère la transformation de la matière en lumière symbolisée ici par le miel, or liquide, nourriture pour les dieux. Il y a passage du plan terrestre au plan divin.

Au service de la lumière, le feu sublimé du lion devient pouvoir créateur, sa force maîtrisée devient royauté.

Lion et royauté en esprit

« Le lion » est appelé « le roi » des animaux, le premier en qualité et en puissance des êtres « animés » ou de ceux qui ont une âme[2]. Sa quête est la royauté en esprit et sa fonction, la réalisation de celle-ci sur terre.

Le lion exprime la royauté de l'être qui a vaincu la dualité et s'élève vers une pensée de nature verticale. À la royauté « terrestre » et incarnée du lion correspond la royauté « céleste » de la licorne.

La présence du lion, sur les tapisseries, faisant pendant à celle-ci ne signifie-t-elle pas qu'il est la puissance de réalisation du désir spirituel de la Dame et la mise en acte de ce désir ?

Si la vigilance est une qualité essentielle du lion, la fidélité l'est tout autant. Étymologiquement, roi vient de règle duquel découlent les mots « régner » et « rectitude ». C'est la fidélité

1. M. Maïer, *Atalante fugitive* (1618), Librairie Médicis, note p. 280.
2. M. Sénard, *Le Zodiaque,* éd. Traditionnelles, p. 144.

au Principe créateur qui donne à la royauté sa cohérence et sa durée dans le temps.

Dans le roman du *Chevalier au lion* de Chrétien de Troyes, le lion suit et sert son maître qu'il défend au péril de sa vie. Le lion, à la noblesse rayonnante, incarne cette fidélité indéfectible au service d'une seule voie sans laquelle il ne pourrait y avoir incarnation de l'Esprit.

La royauté en esprit est l'expression du Verbe créateur qui unit le terrestre au céleste. Elle est l'épanouissement de la vie ; d'elle provient l'énergie créatrice. Elle fait entrer dans l'éternel présent, celui de la création.

Sur, un chapiteau du Puy en Velay (Haute Loire) sont représentés deux lions, dos à dos, attachés par une même corde dont le nœud se trouve au milieu des fauves. Union d'hier et de demain, Soleil levant et Soleil couchant, connaissance du matin et connaissance du soir, les lions figurent les deux aspects complémentaires de l'Unité, le rythme de l'immuable. Le lien qui les relie n'est pas une entrave, mais le nœud du monde, le foyer central d'où partent toutes les énergies.

Le symbolisme des deux lions représentés dos à dos se retrouve en Égypte ancienne où chacun représente l'Occident et l'Orient. Ils forment l'horizon encadré par deux montagnes derrière lequel le Soleil se lève à nouveau chaque matin.

Par sa nature solaire, le lion est la puissance de l'énergie divine servant à propager l'éveil et la Tradition dans l'espace et le temps.

*

* *

Le couple lion-licorne

Comme il a été vu précédemment, le lion et la licorne sont des animaux dont le symbolisme est important dans la tradition médiévale.

Ils sont représentés sur les six tapisseries. Pourquoi avoir associé ces deux animaux qui semblent de nature si opposée ?

En effet, dans la *lettre du Prêtre Jean*, rédigée à la fin du XIIe siècle et diffusée jusqu'au début du XVIe siècle, il est fait mention du combat entre le lion et la licorne.

Les auteurs de la Rennaissance qui traitèrent de la licorne citent rapidement cet épisode (...) en retenant surtout que « son plus grand ennemi et plus contraire qu'elle ait est le lion »[1].

Sur les tentures de La Dame à la Licorne, ils forment un couple. Tous les actes accomplis par la Dame s'effectuent entre ces deux animaux ; ils l'encadrent tels les montants d'une porte invisible au centre duquel elle se tient. Vigilants gardiens, le lion et la licorne protègent la Dame.

Leur présence n'indiquerait-elle pas un changement d'état, un passage à la vie spirituelle ?

Si les quatre arbres délimitent l'espace et le temps sacrés à l'intérieur desquels agit la Dame, le lion et la licorne, quant à

1. B. Faidutti, in *Images et connaissance de la licorne de la fin du Moyen Âge au XIXe siècle*, 1996.

eux, représentent les guides qui lui permettent de partir en quête de la Sagesse.

Le fait qu'ils soient représentés de même taille sur les tapisseries indique qu'ils ont la même importance dans son cheminement spirituel.

Complémentarité et croisement

La licorne appartient au ciel, à la royauté céleste, et le lion à la terre, à la royauté terrestre. Au-delà de leur différence, ces deux animaux symbolisent une complémentarité ; la licorne donne au lion sa nature mobile, aérienne, et le lion lui offre sa puissance d'incarnation, sa fixité. Ils enseignent que la quête de la Sagesse se vit grâce à ces deux pôles, autrement dit qu'elle est à la fois incarnation de l'esprit et spiritualisation de la matière.

Cette idée se retrouve chez les alchimistes du Moyen Âge où comme il a été mentionné auparavant le lion est associé au soufre et la licorne au mercure philosophal. Il faut les deux éléments qui se croisent et se combinent au fur et à mesure des étapes de l'Œuvre pour réaliser l'or spirituel. La Dame ne symboliserait-elle pas alors le sel alchimique, autrement dit l'élément médiateur, indispensable à leur union ?

Soufre, sel et mercure forment une ternarité de laquelle jaillit la vie en esprit. L'or alchimique est la lumière qui rayonne au travers de l'œuvre accomplie par la Dame.

Dans l'iconographie de la fin du Moyen Âge, le lion et la licorne figurent soit côte à côte, soit affrontés. Un vieil adage dit : « sauve-moi des griffes du lion et place-moi en humilité face à la corne de la licorne. »

Ici, il est indiqué que la puissance du lion, le feu du désir spirituel, doit être tempéré par l'eau de l'humilité car on ne peut se présenter devant la licorne, symbole de pureté absolue, qu'avec un cœur pur. La puissance du lion lorsqu'elle est ainsi canalisée devient acte créateur, « amour rendu visible ».

Ces deux animaux sont deux forces spirituelles qui se croisent permettant à la Dame d'œuvrer au nom de la Sagesse. Mais ces animaux sont tout aussi redoutables, révélant leur fonction de gardiens du mystère.

Ainsi, un ancien texte tiré de *Discorso dell'alicorno* d'Andréa Bacci mentionne l'étymologie du mot « licorne » : « On a appelé cet animal en France et en Italie Lycorne, car ça été pour dire lion-corne, non pas pour avoir le crin semblable à celui des lions ordinaires... mais bien d'autant que cette bête est fort sauvage et furieuse de même que les lions, comme j'ai déjà dit, auxquels pour ce regard elle se rapporte »[1].

De même, le lion et la licorne se retrouvent sur le blason de la famille royale d'Angleterre, avec pour devise : « Dieu est mon droit ». Unissant courage, force, pureté de cœur et justice divine, ces deux gardiens sont les protecteurs de la royauté en Esprit vers laquelle chemine la Dame.

Pour être en capacité de la vivre, la Dame doit intégrer tout au long de sa quête la nature de ces deux animaux. Au-delà des qualités initiatiques qu'ils incarnent, chacun représente un aspect de la lumière de la Sagesse.

Les deux lumières

À Parme, dans le baptistère attribué à Maître Antelami se trouvent un couple de licornes placé au Nord, à l'opposé d'un couple de lions au Sud. Leur orientation ne serait-elle pas en rapport avec leur nature ?

---

1. *In* : B. Faidutti, *Images et connaissances de la licorne de la fin du Moyen Âge au* XIX*e siècle*, 1996.

Il est dit de la licorne qu'elle vit dans la forêt épaisse, cachée aux regards profanes. Elle est associée, dans la Tradition, à la lumière secrète, car le mystère ne se révèle jamais totalement aux yeux humains. Le lion, quant à lui, est la lumière de la Sagesse manifestée.

Porteurs des oriflammes et des étendards, le lion et la licorne manifestent le souffle de l'esprit de façons différentes et complémentaires et inspirent l'action de la Dame qui les réunit en un subtil équilibre.

La Dame, par ses actes, est le lien sur terre entre ces deux formes de lumière. Elle fait circuler le Verbe entre elles, recomposant le temps cyclique et sacré. N'est-elle pas, du reste, au centre de l'île ?

Le lion et la licorne apparaissent véritablement comme les deux montants de la porte qui ouvre sur le mystère de la vie en esprit. On les retrouve sur la tenture de Saint-Étienne d'Auxerre qui raconte l'histoire du saint telle que la rapporte Jacques de Voragine dans la *Légende Dorée*. Une des tapisseries le représente mort encadré par le lion couché à sa tête et par la licorne assise à ses pieds. Tels des gardiens, les deux animaux veillent sur le mort qui réssucite, tenu par des anges.

Lion et licorne, par l'enseignement qu'ils transmettent, donnent accès à l'immortalité. Encadrée par eux, la Dame entre dans un monde sacré, celui de la Sagesse éternelle.

Première Partie

LES SIX TAPISSERIES

La présentation au temple

Ce qui rayonne ici au-dedans, la porte dorée vous le présage : par la beauté sensible, l'âme engourdie s'élève à la véritable beauté et, de la terre où elle gisait engloutie, elle ressuscite au ciel en voyant la lumière de ces splendeurs.

Suger

C'est l'unique tapisserie où la Dame tient dans sa main droite la bannière qui sépare l'île en deux, où des couples d'animaux se font face, semblant se répondre : le lion et la licorne, les deux singes, le faisan et la perdrix, le mâtin et la panthère ou lynx, le faucon et le héron. La Dame quant à elle se trouve au centre de la scène, entourant délicatement de sa main gauche la corne de la licorne. Bannière et corne forment deux lignes verticales dessinant une porte invisible dans l'encadrement de laquelle la Dame se tient. S'apprêterait-elle à franchir un seuil ?

L'île, dont les quatre arbres marquent nettement les extrémités, apparaît comme la plus petite de toutes celles qui figurent sur les autres tapisseries ; si étroite que le lion et la licorne y ont juste leur place. La ligne d'horizon de l'arrière de l'île est basse, elle ne parvient qu'aux jambes de la Dame. La perspective y est différente de celle des autres tapisseries sur lesquelles son ovale, plus grand, en fait ressortir davantage le volume. Cela donne le sentiment que l'on ne peut y demeurer et suggère l'idée de départ, de quête, renforcée par la présence de la bannière. « Dans beaucoup de traditions, il est dit que les sages et les maîtres en esprit habitent dans les îles. L'île est un point fixe au milieu de l'infini des possibles et des mouvances. Elle est la première cohérence, le premier point d'appui dont l'être a besoin pour prendre conscience de sa nature cosmique. L'île n'est pas une fin mais un tremplin vers l'absolu, le site idéal d'où l'on peut contempler l'absolu. (...) En s'élançant vers elle on retournait vers l'origine de toutes choses. L'île exige autant qu'elle donne. Elle ne laisse approcher que les voyageurs qui naviguent dans un bateau de verre, autrement dit ceux qui vivent une transparence intérieure permettant au divin de passer à travers eux »[1].

Tout voyage suppose une orientation. Selon la disposition des arbres évoquée dans un précédent chapitre, la Dame se tient sur une terre sacralisée, un monde ordonné selon les lois divines. Son regard est dirigé du côté du lion, symbole solaire, placé devant l'oranger, originaire d'Orient. La Dame se dirigerait ainsi vers l'Orient, c'est-à-dire selon l'antique formule *ex oriente lux,* vers la lumière naissante.

L'absence de la suivante, comme sur la tapisserie « Voir », suggère que la Dame, bien que guidée par le lion et la licorne, doit être seule pour vivre cet instant, seule face à son désir de lumière. La solitude est épreuve, elle décante. Elle met à nu ce qu'il y a de plus vrai dans l'être. Aussi, la Dame s'apprête-t-elle à franchir une étape initiatique qui déterminera ensuite toutes les actions représentées sur les autres tapisseries.

Dans la tradition celtique il est dit que la porte du temps qui donne accès au monde du mystère a deux battants que l'être en recherche de Sagesse doit franchir. Cette porte s'ouvre lentement durant les six premiers coups de minuit, au solstice d'hiver, l'antre du feu secret d'où la lumière va renaître. Elle marque un temps d'arrêt puis se referme durant les six derniers coups. On peut penser que c'est une porte similaire que la Dame va franchir.

En même temps, si la Dame est seule, elle est cependant guidée par la Tradition dans cette épreuve cruciale. Cela ren-

1. C. Jacq, *La confrérie des sages du nord,* pp. 129-130.

voie à l'adage : « on n'est initiée que par soi-même, on n'est initiée que par les autres » La Tradition est le legs des Anciennes qui ont parcouru le chemin avant la Dame et qui lui ouvrent la voie. La Tradition l'a placée sur cette île, délimitée par les quatre arbres, elle lui a donné les animaux mythiques, les deux gardiens que sont le lion et la licorne. Les cheveux de la Dame ont été dénoués, on lui a mis un diadème, revêtue et parée de bijoux dont une ceinture qui est semblable à un fil à plomb. Ainsi « équipée », il appartient à la Dame de franchir le seuil. Elle apparaît ici telle une Preuse, personnage mythique dont la renommée était grande au Moyen Âge.

L'esprit de la Tradition

La Dame est reliée. Comme les différents symboles le dévoilent, elle est guidée dans sa recherche et dotée d'attributs qui contiennent la totalité d'une voie spirituelle qu'il lui faudra désormais vivre et découvrir afin de la transmettre à son tour. Sa ceinture est constituée de maillons carrés qui descendent le long de sa robe pour se terminer par une boucle en forme de soleil. Le collier qu'elle porte au cou est par ailleurs composé d'une succession d'anneaux en or. L'anneau est « le signe d'une alliance, d'un vœu, d'une communauté, d'un destin associé (...) il symbolise l'attachement fidèle, librement accepté »[1].

Le collier comme la ceinture représentent la chaîne de la transmission initiatique qui s'effectue de conscience en conscience, de cœur à cœur. Tradition et transmission se rejoignent. Ces deux notions qui ont d'ailleurs la même étymologie ne peuvent exister l'une sans l'autre comme le révèlera pleinement la dernière tapisserie « Connaître ». La Tradition est au début et à la fin du chemin spirituel.

---

1. J. Chevalier et A. Gheerbrant, *Dictionnaire des symboles,* coll. Bouquins, Robert Laffont, p. 49.

Ces chaînes d'or portées par la Dame sont le lien intemporel l'unissant à la Tradition ; la Dame est elle-même devenue un maillon de cette chaîne éternelle. Et comme pour souligner qu'elle est désormais investie du devoir de faire rayonner l'esprit de la Tradition, la Dame porte un magnifique diadème.

Ce n'est pas la Dame qui est faite reine sur cette tapisserie. S'il y a consécration, ce n'est pas celle d'un individu mais celle de la Tradition par laquelle la Dame est dotée et revêtue de symboles. Ces derniers tissent son être comme son âme pour la guider vers la royauté de l'esprit.

Le mot diadème est formé de *dia* et de *dêma*, *deîn* qui veut dire lier. Aussi, le diadème se rattache-t-il au même symbolisme que les bijoux précédemment évoqués. La Dame le portant est grave, consciente de sa valeur : les pierres précieuses du diadème ne lui appartiennent pas mais c'est par elles que son esprit purifié va pouvoir s'élever vers la lumière.

Le diadème possède en son centre une énorme escarboucle. Etymologiquement escabourcle vient de charbon. Cette pierre selon l'alchimiste Raymond Lulle est « noire au début, elle rougissait ensuite, jaunissait, avant que de trouver *la véritable blancheur* »[1]. C'est ainsi qu'elle est décrite comme un rubis par certains auteurs, et par d'autres comme un diamant dont la formule chimique est la même que celle du charbon noir. Pierre précieuse de couleur grenat luminescente elle symbolise les yeux qui voient dans la nuit ou le désir qui aiguillonne la recherche. Selon Rémy de Gourmont, elle « surpasse toutes les pierres les plus ardentes, jette des rayons tels qu'un charbon allumé, dont les ténèbres ne peuvent venir à bout d'éteindre la lumière »[2].

---

1. M. Caron et S. Hutin, *Les Alchimistes,* Seuil, p. 70.
2. *In* : K. Appavou, R. Mougeot, *La vouivre, un symbole universel,* La Table d'Émeraude, p. 82.

Sous l'aspect du diamant, la pierre devient symbole de l'inaltérable, de l'invincible puissance spirituelle. Ainsi, l'escarboucle est-elle bien autre chose qu'une pierre de grande valeur, elle est la pierre de la connaissance, la pierre philosophale du grand Œuvre qui contient le secret des transmutations.

Est-ce la raison pour laquelle, il est écrit que c'est sous la corne de la licorne que croît la pierre d'escarboucle[1] ? La corne est l'élément le plus mystérieux, le plus précieux de la licorne. Là se cache son mystère alchimique. « La corne donne à certains animaux figurés à Mohenjo-Daro, les *Unicornes* comme les appelle Marshall, un caractère mythique. Surnaturelle, elle part du milieu du front pour se prolonger en avant, rasant la face. Dans le domaine indo-égéen antique, y compris l'Égypte, les cornes sont un emblème de royauté divine »[2]. La Dame portant le diadème et touchant la corne de la licorne a pour devoir sacré d'établir le royaume de cette dernière sur cette terre.

Parvenir jusqu'au seuil

La conscience spirituelle commence lorsque l'on parvient à nommer le désir de sacré et à agir selon lui, autrement dit pour plus haut que soi. Ce désir n'est pas une volonté de posséder ou d'acquérir. Il n'est pas une passion mais une volonté qui crée un chemin comme le montre la suite des tapisseries.

Sur cette tapisserie, à gauche de la Dame, la licorne se tient sur ses quatre pattes, position qui évoque la stabilité et la détermination nécessaires pour avancer sur le chemin. Le lion, quant à lui, est tranquillement assis à droite de la Dame, tel un gardien du seuil apaisé, heureux parce qu'il a reconnu un être pur.

---

1. W. von Eschenbach, *Parsifal,* tome 2, Aubier Montaigne, p. 47.
2. J. Boulnols, *le caducée et la symbolique dravidienne indoméditerranéenne de l'arbre, de la pierre, du serpent et de la déesse-mère,* 1939, p. 48, note 1.

Le fait que les deux animaux portent un bouclier aux mêmes armes que la bannière montre qu'ils font partie intégrante de la quête. S'ils encadrent la Dame n'est-ce pas pour en préserver la pureté ?

La licorne symbolise le cœur purifié qui s'ouvre et se laisse guider par la force de l'esprit divin ; le lion représente la capacité de servir le sacré, la puissance d'action et la mise en mouvement du désir initiatique. Dans la tradition héraldique, ces deux vertus incarnées par les animaux guidaient le chevalier dans sa recherche tout comme sur cette tapisserie.

La Dame a la pureté de cœur nécessaire pour cheminer vers la lumière de la Sagesse. Cette impression est confirmée par le fait que la corne de la licorne s'arrête au niveau de son cœur et que la Dame la touche. C'est parce qu'elle a fait tout un chemin de purifications qu'elle peut faire un tel acte et se tenir au seuil. La corne, en tant qu'axe, est la pureté d'intention qui fait naître l'action juste, représentée symboliquement par la bannière. La Dame semble inspirée par l'esprit qu'elle reçoit de la licorne et par la force du lion, pour agir et mettre en acte son désir de sacré.

Si la Dame par ailleurs ne regarde pas la licorne, c'est que par son geste, elle met sa volonté en l'animal mythique, elle a confiance. La licorne quant à elle regarde la Dame. La confiance est réciproque parce qu'il y a reconnaissance mutuelle. Hadewijch d'Anvers écrivait : « Rien ne gagne comme le parfait abandon de la noble confiance. C'est la soif de ton âme qui me livre à toi tel que je suis. En voulant satisfaire à cette soif, tu grandiras en grâce et me deviendras pareille »[1].

Puissance et pureté sont aussi évoquées dans le symbole de la chevelure de la Dame qui est déployée sur ses épaules. Faisant écho à celle-ci, on note que le poitrail et le dos de la li-

1. Hadewijch d'Anvers, *Lettres spirituelles*.

corne sont couverts d'une crinière abondante. « Chevelure » est le même mot que « cosmos » en grec qui signifie « monde », mais aussi « organisation, construction », « ordre de l'univers ». Le rôle symbolique de la chevelure nous renseigne sur les idées, les pensées et l'âme de la Dame. Ici les cheveux sont défaits, ils sont libres et abandonnés comme doit l'être son cœur.

Pureté, force d'action, confiance témoignent de l'authenticité de son désir. Mais vivre et nourrir ce désir requièrent une maîtrise intérieure.

Les animaux de la tapisserie indiquent la nature du chemin que la Dame a eu à accomplir. Certains sont harnachés, d'autres portent un collier serti de pierres précieuses. Ils ont peut-être été dréssés, du moins ils ne sont plus des animaux sauvages. Cela implique le dépassement d'une nature propre pour accéder à un état élevé. Le fait qu'ils portent un collier les rend précieux, nobles. Par ailleurs aucuns d'eux ne semblent révoltés ou contraints, mais plutôt apaisés. Pour la Dame, le chien, le lynx (ou la panthère) et le renard sont semblables à des alliés. Connaissant le chemin, ils s'apprêtent à la guider dans sa quête. Cette fonction élevée est évoquée par le fait qu'ils sont tous trois représentés au niveau de la bannière. Dans la tradition héraldique, le collier que portent les animaux signifie « la maîtrise de l'être sur ses passions et ses pouvoirs, que représentent les différentes formes animales et qu'il doit juguler s'il veut accéder à la Sagesse[1] ».

Un des aspects de la maîtrise intérieure se trouve illustré par les deux singes assis au niveau de la tête de la Dame. Cette position les met en correspondance avec le mental. L'un d'eux lui fait face, enchaîné à un lourd rouleau de pierre. Ainsi le mental, que l'on retrouve en Occident comme en Orient symbolisé par le singe, doit être maîtrisé car son agilité n'est pas à confondre avec l'intelligence vraie. Ici, il est représenté poi-

1. F. Luz, *Le Blason et ses secrets,* Claire Vigne éditrice, p. 152.

gné. À son opposé sur la gauche, se trouve un autre singe plus jeune, maintenu par un harnais autour du ventre. Il indique que la maîtrise de l'agilité mentale permet de contrôler l'être en son entier. Ce singe-là est une représentation de la reflexion devenue servante de l'esprit, autrement dit permettant de retranscrire ce que le cœur, siège de l'intelligence vraie ressent ou pressent.

On note que la Dame, le chien et le jeune singe qui se trouvent à sa gauche, du côté du cœur, regardent dans la même direction, celle de la lumière naissante, alors que le singe enchaîné qui paraît plus vieux, regarde lui, dans l'autre direction. Est-ce pour indiquer qu'il s'est opéré un changement de regard, une manière neuve d'appréhender la réalité ?

Par sa capacité de maîtrise intérieure la Dame a instauré l'équilibre et la paix. Nous sommes dans un monde silencieux, réceptif à la Sagesse. Le silence dont il s'agit est un silence extérieur, propice au vécu d'un tel moment, mais il fait écho au silence intérieur de la Dame. La capacité de silence est source de vie. « C'est en silence que la nature travaille, que pensent les sages et qu'agissent les dieux » écrit Antoine Rougier. C'est dans l'ascèse du silence qu'est contenue la richesse spirituelle. Nommé par les Anciens « voix de la conscience », le silence n'est pas passif. Il est réceptivité active. Il n'est pas absence mais présence, il n'est pas vide mais plénitude. Il est une terre féconde dans laquelle va croître la force intérieure.

Toute l'attitude de la Dame est empreinte de gravité, de noblesse et d'orgueil, orgueil dont l'un des sens étymologiques (*tolmao*) signifie « avoir du courage », « avoir de l'audace », « oser entreprendre ». L'orgueil est de se ternir prête à vivre ce qui ne peut que dépasser l'être : un but spirituel.

Aussi paradoxal ou étrange que cela puisse paraître, c'est au cœur de la nuit que va commencer sa marche vers la lumière.

Le monde de la nuit ou la naissance de la lumière

L'univers évoqué par ces tapisseries est nocture comme en témoigne l'omniprésence des croissants de Lune mais également du lapin, animal étroitement associé à cet astre et dont le nombre s'accroît d'une tapisserie à l'autre.

Pourquoi la nuit ? Parce qu'elle symbolise le temps des gestations, des germinations donc du devenir. La nuit est en même temps le creuset d'où jaillira la lumière du jour. C'est ainsi que dans la conception celtique du temps, la nuit représente le commencement de la journée. De même, selon les Anciens, la première étoile scintillant dans le ciel symbolisait la naissance du jour, de la lumière. Le monde nocturne est donc le milieu indispensable à la création de la lumière. Loin de l'occulter, la nuit apparaît en quelque sorte comme l'ombre de la lumière qui permet de la révéler parce qu'elle l'engendre.

Fulcanelli, dans *Le Mystère des cathédrales,* écrit : « Quelle est la condition primordiale, essentielle pour qu'une génération quelconque puisse être manifestée ?... L'absence totale de lumière solaire, même diffuse ou tamisée »[1].

Le processus de création ne peut s'opérer à découvert. La nuit est la matrice de la lumière et de ses mutations. Ce monde contient toutes les formes, tous les nombres. Sur cette tapisserie, nous assistons bien à la création de la Dame, à sa naissance en esprit. Cette naissance qui est déjà en soi un accomplissement de son désir de lumière est en même temps un commencement vers son évolution future, comme le révèleront les autres tapisseries. « Le pouvoir de croître a sa racine dans le mystère, comme la nuit, et il tend vers la lumière »[2].

---

1. Éditions J. J. Pauvert, p. 172.
2. H. Sapa, Black Elk, *La Grande vision. Histoire d'un prophète sioux telle qu'elle a été contée à G. Neihardt,* éd. Traditionnelles, p. 201.

Ce monde secret de la nuit, se révèle sous la clarté lunaire. La Lune étant considérée comme « maîtresse du serment », c'est par lui que commence réellement toute recherche spirituelle et l'attitude de la Dame donne à penser qu'elle est consciente de l'engagement qu'elle prend : tenir sa parole, vivre et transmettre ce qu'elle pourra percevoir de la Sagesse en œuvrant.

Dans les langues anciennes de la famille indo-européenne, le nom du mois est lié à celui de la Lune et ce dernier signifie mesureur du temps. La Lune compte le temps. Instrument de mesure universel, par sa régularité et sa précision, elle participe à l'harmonie et à l'ordre du cosmos. Présente sur toutes les tapisseries, elle nous indique que le parcours spirituel de la Dame est lié à la notion de mesure qui ordonne l'univers et révèle ainsi la Sagesse à l'œuvre. Ce sens de la mesure (qui sera développé à la tapisserie « Entendre ») permet, telle la Lune, de capter la lumière et de la transmettre dans un même temps.

« La Lune n'a jamais été adorée pour elle-même, écrit M. Eliade mais en ce qu'elle révélait le sacré, c'est-à-dire la force qui est concentrée en elle, dans la réalité et la vie inépuisable qu'elle manifeste »[1]. Elle est en cela « mère des entités manifestées (...) énergie de l'âme en tant que principe divin participant de l'essence et de la substance »[2]. Astre par excellence de la lente et secrète production de la vie, la Lune contient les forces cachées, profondes, qui sont celles de la maturation. Ainsi a-t-elle pour fonction de révéler et de mettre au jour la lumière créatrice contenue dans les ténèbres.

La Lune est également liée à l'élément eau. C'est la raison pour laquelle cet élément ne figure pas de manière évidente sur les tapisseries. Le monde de la Dame est un monde baigné de rosée, c'est un monde alchimique. Dans la tradition hermétique l'esprit igné de l'eau, par le truchement de la rosée à

---

1. *In* : *Le traité d'histoire des religions,* Payot, p 142.
2. M. Sénart, *Le Zodiaque,* éd. Traditionnelles, p. 134.

la surface de la terre, forme le fluide cosmique d'où naît toute chose. La rosée hermétique est appelée « vitriol des sages » ou « lion vert ». Les alchimistes mêlaient la rosée à la matière première pour l'enrichir. Le *Zohar* quant à lui enseigne que « cette rosée est la manne dont se nourrissent les justes. Ceux qui sont appelés ont soif et ils emplissent leurs mains dans les champs du ciel ». Expression de la bénédiction céleste, la rosée est grâce vivifiante. Pline la nomme la sueur du ciel. En Chine ancienne, elle est le signe de l'union harmonieuse du ciel et de la terre.

« La Lune est le point de départ de la voie des dieux en tant que porte du ciel ». Comme toute porte sacrée, l'astre indique alors à la fois un commencement, un enseignement, un chemin de réalisation spirituelle. Avec cette première tapisserie, nous sommes donc mis en présence d'un univers de potentialités où le passage à l'acte va engendrer les autres tapisseries qui révèleront le parcours spirituel de la Dame, sa progression vers la lumière. Lumière dans la nuit, l'astre est associé à l'éveil de la conscience. Par sa réflexion progressive du Soleil, il devient alors symbole des prises de conscience graduelles qui jalonnent tout chemin spirituel.

La Lune est par ailleurs symbole de croissance : l'astre est protecteur des eaux, de la végétation et préside à la naissance de toutes choses, scellant leur destin sur cette terre tout en en assurant le développement. C'est cette phase de croissance qui est représentée sur les tapisseries de la Dame à la licorne. De la conscience dépend étroitement la responsabilité de servir la Sagesse. Au fur et à mesure que la conscience s'élargit, la responsabilité augmente. Médiatrice entre le Soleil et la terre, la Lune ne reflète pas uniquement la lumière de celui-ci mais la transforme en fonction de sa nature propre. Par ses mutations régulières, elle révèle l'esprit de la quête où la plus grande réceptivité est étroitement liée à l'activité, autrement dit elle enseigne la nécessité des métamorphoses constantes

1. F. Cumont, *Le symbolisme.*

des facultés spirituelles qui s'opèrent par des morts et renaissances successives pour aller vers la clarté de l'esprit.

Si la nuit peut être perçue comme le monde de l'intériorité, la Lune règnant sur ce monde secret incarne alors la possibilité de formuler ce qui est conçu dans l'intériorité. La perception spirituelle ne se faisant que graduellement, par étapes, et restant toujours à approfondir, la Lune incarne également la capacité de renouveler ce qui a été formulé selon l'état de conscience du moment. Elle est dépassement de la forme.

Parlant du triple croissant de Lune sur l'un des caissons de Dampierre, Fulcanelli écrit : « le croissant n'appartient ni à Diane de Poitiers, ni à Catherine de Médicis. C'est un symbole de la plus haute Antiquité, connu des Égyptiens et des Grecs, utilisé par les Arabes et les Sarrasins bien avant son introduction dans notre Moyen Âge occidental. C'est l'attribut d'Isis, d'Artémis ou de Diane, de Séléné, Phœbé ou la Lune, l'emblème spagyrique de l'argent et le sceau de la couleur blanche. Sa signification est triple, alchimique, magique, cabalistique, et cette triple hiérarchie de sens, synthétisée dans l'image des croissants entrelacés, embrasse l'étendue de l'ancienne et traditionnelle connaissance ».

Pourquoi la bannière porte-t-elle trois croissants de Lune par rapport au cycle lunaire qui se déroule en quatre phases ? En regardant attentivement la tapisserie, on note que la quatrième phase de la Lune est en réalité présente sur les boucliers du lion et de la licorne ; elle apparaît pleine. Lion et licorne portent la totalité des phases de la Lune, la réalisation d'un cycle, mais il revient à la Dame de chercher à accomplir cette plénitude.

Dans *La Divine comédie,* Dante dit de la Lune qu'elle ouvre la voie vers le Soleil, vers « le cercle suprême ». Le message de la Lune n'est-il pas de faire percevoir l'éternité

1. *In* : *Les demeures philosophales,* Tome 2, J. J. Pauvert, p. 27.

cachée au cœur du mouvement, à travers les notions de cycles, d'éternel retour, de transformations dans l'unité ?

Ainsi, dès cette première tapisserie, le message de la Lune est donné à la Dame, à travers la bannière et les boucliers portés par les deux animaux. Ce message est un mystère en soi, comme celui du mouvement de la vie. Il est éternel retour et retour vers l'éternel. La quête de la Dame contient à la fois un but et un chemin à parcourir pour l'atteindre.

La nature du chemin

En portant la bannière, la Dame porte un symbole extrêmement précieux, d'une part à travers le message symbolique véhiculé par la Lune et d'autre part parce que la bannière est signe de reconnaissance et de ralliement : elle est l'étendard d'une confrérie ou d'une corporation. Aussi est-elle portée le plus haut possible, avec droiture et dignité pour être vue des êtres qui la suivent afin qu'ils puissent toujours se rassembler derrière elle en tournant leur regard vers le ciel. La bannière paraît relier le ciel à la terre : la hampe, où des croissants de Lune apparaissent sur un fond bleu, repose sur l'île tandis que la couleur rouge de la bannière se confond avec le fond rouge célestiel.

La Dame semble porter la bannière comme si elle s'apprêtait à ouvrir un chemin. En réalité n'est-ce pas la bannière qui le lui ouvre par le message qu'elle contient ? La Dame ne la brandit pas comme une conquérante, mais, parce qu'elle a fait le choix de se rallier à sa cause, elle a en main un plan d'œuvre spirituel légué par les Anciennes qui ont suivi cette voie avant elle. C'est en fait la bannière qui porte la Dame et lui tient la main. Les symboles héraldiques sont des possibilités de transmutation et il appartient aux êtres de les vivre et de les faire vivre. Ces symboles ne sont jamais une distinction honorifique ; ils tracent un « programme » d'évolution spirituelle. C'est par la bannière que va se concrétiser sa quête, par elle qu'elle va prendre toute son ampleur.

Dans la tradition héraldique, la bande transversale présente sur la bannière et les boucliers symbolise l'action chevaleresque, la pleine conscience et l'application des devoirs. C'est la grandeur de cette tâche qui rend la Dame noble. La bannière fait de la Dame une pèlégrine, elle recèle les secrets d'une marche juste qui affermira son cœur.

Ce n'est certainement pas un hasard si le mâtin est placé en face de la bannière. Le chien est symbole de la fidélité qui sera représentée sur les tapisseries suivantes par différents chiens. Ici l'animal porte des taches de couleurs comme pour évoquer les mille facettes que peut prendre la fidélité. L'une de ces facettes, si ce n'est la première, est le respect du serment dont il a déjà été parlé. La fidélité consacre le sens que l'être au cœur ferme a donné à son existence ; elle le guide et l'accompagne jusqu'au bout du chemin. Le mot « étendard » synonyme de bannière est issu du francisque *standhard* signifiant « stable, inébranlable », avec l'idée de se tenir debout[1]. De même la constance, l'une des facettes de la fidélité, vient du latin *constans* de *constare* qui signifie se tenir ferme, de *stare* « être debout ».

Ainsi avec la bannière se trouve l'idée d'une rectitude devant perdurer, associée à la notion de direction. La Dame est l'être d'un seul chemin. La force de la fidélité permet de vaincre tous les obstacles, elle est le véritable porte-étendard de la Sagesse, cause et but ultime que la Dame a fait serment de servir. Faisant pendant au chien se trouve la panthère dont le symbolisme la rattache à la Lune. Les deux animaux se complètent : tenir la bannière implique à la fois la notion de prendre son destin en main et chercher à vivre et tendre vers les valeurs qu'elle véhicule. Selon le symbolisme des couleurs dans l'art héraldique (cf. annexe), ces valeurs sont : la simplicité (couleur argent), la pureté (couleur argent), l'intelligence vraie (couleur azur), l'amour créateur (couleur rouge).

---

1. A. Rey, *Dictionnaire historique de la langue française,* Le Robert.

« Équipée » par la Tradition et tenant fermement la bannière des transmutations la Dame peut passer le seuil qui lui permettra de se diriger vers la lumière. Par le feu et la pureté de son engagement, par les valeurs essentielles qu'elle porte en elle, elle a franchit cette épreuve initiatique. Ce qu'elle a reçu en héritage, la Dame doit à présent l'incarner dans ses actes. Recevoir et donner sont, sur une voie spirituelle, semblables à l'inspir et l'expir. C'est ce que vont nous révéler les autres tapisseries.

Le langage des fleurs

Tresser la couronne de fleurs

Chaque fleur est une trace de la clémence céleste.
Lieutaghi

Sous la garde du lion et de la licorne qui portent ses armes et la protègent, la Dame confectionne une couronne sous le regard attentif de sa suivante. Le héron, au-dessus d'elle, emblême dans les *Bestiaires*[1] de recueillement et de silence, témoigne de l'esprit apaisé de la Dame qui se concentre et s'applique à son ouvrage, alors que l'agneau couché à ses pieds, incarne le don[2].

On connaît d'autres représentations de cette scène comme par exemple la « Femme dans un jardin clos » miniature d'Anjou vers 1460. Une jeune fille vêtue de bleu et de blanc (les couleurs de Marie) est assise sur une banquette d'herbe, dans un jardin clos. Elle tresse une couronne avec des roses rouges et blanches qui l'entourent. Sur une petite bordure, à sa droite, poussent des œillets blancs et rouges. Cachés dans une tour, derrière de gros barreaux, deux hommes l'épient.

Le regard de la Dame sur cette miniature est concentré sur son ouvrage. Elle ne tient pas compte de ces yeux indiscrets et cupides. Son choix est pur. N'est-il pas plus grand, plus noble engagement que de se consacrer à l'amour du divin ?

1. Voir l'aspect symbolique de cet animal p. 212.
2. *Idem*, p. 196.

Comme l'écrivait Gœthe « les choses doivent être connues de telle sorte que nous reconnaissions dans leur nature quelques attributs de Dieu »[1].

Il en est de même de chacun des règnes présents sur terre, sources d'enseignements pour l'être et par là, chemin d'élévation. Mais cette tapisserie nous invite à étudier plus particulièrement les fleurs dont Novalis disait qu'elles sont « symbole de l'amour et de l'harmonie caractérisant la nature primordiale », afin de percevoir le sens spirituel de l'acte accompli par la Dame.

L'acte de tresser la couronne est au centre de cette tapisserie. La couronne symbolisant une perfection, les fleurs qui la composent participent de cette perfection. Aussi cette couronne doit-elle révèler à la fois les lois propres au monde végétal et une connaissance particulière de la spiritualité féminine, connaissance que la Dame et sa suivante nous invitent à découvrir.

Si les fleurs nous semblent muettes aujourd'hui, ou simplement décoratives, leur beauté, leur parfum, leurs couleurs, leurs propriétés, traduisaient pour le Moyen Âge un véritable langage, langage qui permettait aux êtres de correspondre symboliquement et par lequel l'âme s'élevait vers le divin.

En latin « fleur » qui se dit *flos* vient de la racine *flo* : « je souffle ». Les fleurs par la multitude de leurs formes et de leurs parfums apparaissent comme autant d'émetteurs différents du souffle divin.

Fleurs et plantes parlent, elles offrent éternellement leur message à l'être qui sait entendre leur voix. Elles dérivent toutes de la « plante d'immortalité » que citent les traditions anciennes et que seul le pèlerin persévérant parvient à trouver au terme de son voyage intérieur.

---

1. *In* : *La métamorphoses des plantes,* éd. Triades, p. 42.

La tapisserie des mille fleurs

Dans les tapisseries dites « mille fleurs » ou « verdures » apparues vers la fin du XVe siècle, le fond fleuri n'est pas une décoration, il est véritablement la clef d'un mystère.

On y trouve répétition à l'infini d'un motif floral où chaque fleur peut être identifiée. Le plus souvent reviennent l'œillet, la jonquille, le muguet, la pâquerette (la belle toujours verte), l'une des fleurs préférées des lissiers car dénuée de souillure, la marguerite sans tache, si pure, la fraise des bois qui a la même symbolique que la rose, la violette, la giroflée, la pervenche, le myosotis, la jacinthe, la véronique, la menthe...

Toutes ces fleurs représentent une totalité, celle du cosmos. Comme l'enseignait Paracelse « à chaque étoile dans le ciel correspond une fleur sur la terre ».

Les tiges des fleurs et des rameaux du fond rouge de la tapisserie plus stylisés que ceux de l'île sont, dans leur abondance et leur multiplicité, comme les archétypes éternels de la nature en fleurs. Nous sommes en présence d'un jardin à l'infini, d'un jardin d'offrande de la grande Nature.

Ces fleurs jonchant le fond rouge de la tapisserie sont assez peu fréquentes dans les « mille fleurs ». Ces fleurs coupées évoquent les fêtes et rites du Moyen Âge lors desquels le sol des églises, des maisons et même des rues était recouvert de fleurs ou de branchages : narcisses à Pâques, pivoines à la Pentecôte, roses à l'Assomption, hellébores blanches à Noël. La fête des fleurs, fête du renouveau de la nature, se déroulait début juin. Cette fête est la fête catholique nommée fête Dieu durant laquelle les enfants avaient des couronnes de fleurs blanches, odorantes, telles les fleurs d'oranger et portaient dans la main droite un lys blanc. Ce qui était célébré à travers les fleurs était la vie même, le don divin qui se régénère perpétuellement à travers les cycles des saisons.

Les fleurs du fond rouge de la tapisserie marquent certainement la volonté d'évoquer un moment rituel particulier, si l'on considère que les six tapisseries de la Dame tracent les différentes étapes d'une quête initiatique féminine. Au Moyen Âge, mai était le mois où l'on tressait des couronnes de fleurs, comme il est indiqué dans le Livre d'Heures d'Anne de Bretagne (Nantes 1477-Blois 1514), est-ce le cas ici ? On peut le penser, vu les dates probables où les tapisseries ont été réalisées (entre 1457-1500).

Le jardin clos ou pré fleuri

Aux fleurs du ciel, répondent les fleurs de l'île. Sa figuration se différencie de la plupart des autres tapisseries des « mille fleurs » mais se rapproche beaucoup, en revanche des jardins où l'on représente la Vierge. Ceux-ci sont souvent de petits jardins fermés dont la clôture est une muraille crénelée. La Dame se trouve en fait dans un « pré fleuri » cher au Moyen Âge. On reconstituait en effet dans le pré fleuri ou pré haut (« préau ») la prairie en fleurs en y transplantant toutes les fleurs sauvages. Dans son *Decameron* écrit vers le milieu du XIVe siècle, Boccace dépeint une prairie dans la conclusion du « Sixième jour ». La « Vallée des Dames », décrite dans cette dernière scène est un pré fleuri, peu fréquenté, un endroit secret. C'est une vallée au contour irrégulier et pourtant un « cercle parfait ». Sous les arbres, dans la vallée pousse « un pré d'herbe fine parsemé de fleurs dont la plupart sont de couleur pourpre. »

Circulaire, ce préau évoque aussi la notion de centre du monde. En grec, *paradeisos* signifie « paradis » et « jardin » ; le paradis est ce centre dont la création est issue. Evoqué dans de nombreuses traditions, il doit être sans cesse recréé pour pouvoir « faire le sacré ». C'est pourquoi il est un endroit clos, séparé de l'espace ou du temps profane. Le paradis spirituel, qu'il s'agisse du paradis perdu ou du séjour des Bienheureux, restera une constante des jardins médiévaux. Dans les couvents, le jardin clos avait une signification symbolique bien déterminée ; il rappelait la fiancée du *Cantique des Cantiques* et donc la Vierge Marie : « elle est un jardin bien clos, ma sœur, ô fiancée » ; un jardin clos, une source scellée ».

Jardin et tradition féminine

La science des fleurs et des jardins est une tradition plus particulièrement féminine qui remonte à des origines très anciennes. Du rôle de cueilleuse et de ramasseuse dans les sociétés de chasseurs, la femme est passée au travail du jardin qui pendant longtemps fut « la seule terre transmissible au groupe féminin »[1]. Les femmes s'y rendaient tous les jours de février à octobre. Elles travaillaient la terre de « haut en bas » et peu profondément. C'était là le travail du sarclage et du grattage que jamais les hommes ne faisaient. Le sarcloir et la bêchette, outils féminins, se lèguaient par les femmes d'une même lignée.

Parallèlement au jardin, les femmes étaient aussi responsables du travail au jardin des invisibles, c'est-à-dire du cimetière, où le travail du jardinage est le même : sarclage de haut en bas. Aussi étaient-elles tout au long de l'année en relation avec l'esprit du monde végétal. Connaissant toutes les correspondances entre les jardins, les femmes faisaient le lien entre les deux et assuraient ainsi la fertilité de l'un par l'entretien et les plantations offertes à l'autre. L'art du jardinage se combinait en trois temps, trois périodes vitales pour la végétation : fin août/début septembre, mars et mai.

Il y a donc un travail de la terre féminin, des outils féminins et une transmission féminine qui, bien que non représentés sur les tapisseries, constituent des données essentielles pour mieux cerner la culture et les connaissances des femmes de l'époque.

---

1. J. Bonnet, *La terre des femmes et de ses magies,* éd. Robert Laffont, p. 163.

Par ce travail au jardin, la femme, quelque soit sa classe sociale, a pu observer « le cours du développement des végétaux, leur croissance, leur floraison, la dissémination des graines et en tirer les leçons qui s'imposaient »[1].

La connaissance des fleurs

Il est dit à propos des fleurs :

« une parcelle de leur sagesse leur fait sentir que je suis la leçon et que par ma simple forme, par mes couleurs et mon parfum, je peux les conduire au meilleur d'eux-même, c'est-à-dire à leur Authentique... pense en me cueillant que tu ne peux désormais plus le faire que pour l'aide de tes compagnons encore non-connaissants de ma leçon : en apportant la fleur dans la hutte des hommes, il te sera obligation désormais de pointer du doigt vers ma leçon ; ne pas leur laisser concevoir qu'il y a en ton geste habitude, mais aide à leur progression vers les dieux[2]. »

La connaissance des plantes était au Moyen Âge indissociable de la connaissance des simples ou herbes médicinales, entrant dans la composition des remèdes. Le jardin médiéval contenait des plantes d'agrément, des plantes aromatiques, des plantes médicinales. Les fleurs y étaient perçues comme empreintes du ciel sur la terre et don infini de celui-ci. L'être par elles, pouvait non seulement ravir son âme de couleurs et de parfums comme autant de signes du divin mais aussi soigner son corps. Lieutaghi, dans *Le livre des bonnes herbes* écrit :« la plante médicinale agit d'autant mieux qu'on la considère, toutes propriétés thérapeutiques mises à part, comme un être de beauté ; alors la plante guérit notre corps en fleurissant notre esprit. C'est le médicament total ».

1. J. Brosse, *La magie des plantes,* Albin Michel, pp. 125-126.
2. *Le manuscrit des paroles du druide*, Emmanuel, (Yves Monin), autoédition, 1993.

Simple venant du latin *simplex* signifie ce qui n'est pas composé, ce qui est sans mélange. Il faut également prendre ce mot dans le sens général « d'herbe sans valeur marchande » autrement dit gratuite, car les plantes constituent la pharmacopée de Dieu, généreusement répandue sur toute la terre, un don divin à la portée des gens simples, autrement dit ceux et celles qui acceptent ce don avec humilité.

La connaissance des simples comprend celle des cycles et des temps propices à chaque chose, du geste juste au moment juste. Cette connaissance est liée à la science de l'astrologie.

Il peut paraître étrange d'évoquer l'astrologie en étudiant les tapisseries de la Dame à la Licorne, mais il faut savoir d'une part, qu'à l'époque où elles ont été tissées cette science était reconnue et pratiquée à la cour et enseignée aux dames de la noblesse ainsi qu'aux filles de roi, (ce fut le cas pour Anne de Bretagne et ses filles). D'autre part les Anciens liaient les plantes aux étoiles faisant correspondre aux sept planètes et aux douze signes certaines herbes (décrites en annexe)[1].

Astrologie

« Toute plante, au ciel est une étoile » écrivait Jacob Boehme[2], il ajoutait que par leur forme et leurs propriétés, leurs vertus sont à rapporter « aux astres dont elles émanent »[3].

La terre possède des énergies qui changent avec les saisons. Au printemps, le Soleil est montant, ces énergies correspondent à une expiration. À l'automne, le Soleil est descendant, les énergies sont dites d'inspiration. En parallèle, nous retrou-

1. La liste des simples et des fleurs répertoriées sur les tapisseries se trouve en annexe p. 159.
2. *De la signature des choses,* éd. Grasset, p. 11.
3. *Op. cit.*

vons ces énergies dans la Lune montante que l'on appelle parfois « printemps lunaire » et dans la Lune descendante appelée « automne lunaire ».

L'astrologie lunaire est essentielle pour les plantes. Elle était utilisée pour planter, cueillir et administrer les « simples » afin de leur conserver leurs vertus. Les Anciens considéraient donc les mois, jours et heures de la cueillette en fonction de la Lune et avec les signes du zodiaque :

« Lorsque la Lune est devant une constellation de feu (Bélier, Lion, Sagittaire), l'activité des plantes se polarise surtout sur l'élaboration des fruits et des semences. Lorsque la Lune est devant une constellation d'air (Gémeaux, Balance, Verseau), c'est la partie fleurs de la plante qui prend le relais. Lorsque la Lune est devant une constellation d'eau (Cancer, Scorpion, Poissons), l'activité de la plante favorise les feuilles, lorsque la Lune est devant une constellation de Terre (Taureau, Vierge, Capricorne), la plante privilégie les racines et les écorces[1] ».

Par ailleurs, les plantes ramassées à la pleine Lune auront davantage de vitalité mais leurs propriétés médicinales seront moins perceptibles qu'en Lune descendante alors qu'une plante récoltée lors de la nouvelle Lune gardera davantage ses propriétés médicinales. En revanche, certaines plantes, telles que les herbes de la saint Jean, doivent être récoltées à l'aurore pour bénéficier ainsi de l'apport de la Lune et du Soleil et prendre la quintessence de la rosée céleste.

La science des fleurs passe ainsi par la perception et la connaissance du monde dans son unité et ses correspondances.

---

1. Renseignements tirés du *Calendrier Lunaire*.

Alchimie

Il existe une réelle alchimie naturelle des végétaux : la photosynthèse, qui permet aux plantes de transformer l'eau et l'air en matière organique. Seules les plantes ont cette faculté d'utiliser directement comme source d'énergie la lumière solaire. La photosynthèse « constitue donc le miracle créateur dont tout découle, puisqu'elle métamorphose le minéral en organique, l'inanimé en animé, l'inerte en vivant »[1].

L'alchimie végétale est la « spagyrie », terme composé de deux mots grecs *spao* (séparer, extraire et qui correspond à la phase *solve*) et *ageirein* (assembler, c'est la phase *coagula*).

« Les alchimistes distinguent trois principes dans le monde des substances. Le premier comprend les substances soumises au processus solide-terrestre, apparaissant sous forme de sels en cristaux, présentant une certaine stabilité et ne tendant vers l'état liquide que si elles sont solubles dans l'eau et peuvent se cristalliser à nouveau à partir de cette solution. Cet état répond au principe "Sal" ou "sel" qui n'a aucun rapport avec l'air ou la chaleur. Aux substances "Sal" s'opposent les substances qui échappent à la pesanteur, tendent vers l'impondérable sous l'influence de la chaleur, par fusion, diffusion, vaporisation et combustion : elles contiennent des éléments impondérables pouvant se manifester sous forme de lumière et de chaleur. Ces substances ont été désignées comme sulfuriques et phosphoriques. (...) Les alchimistes ont appelé "Mercur" le troisième principe, d'équilibre et de médiation. (...) Les trois processus Sal, Mercur, Sulfur se retrouvent dans la plante : le principe Sal dans la racine, Mercur dans la feuille et Sulfur dans la fleur »[2].

« L'art spagyrique consiste à rendre les parties sel, mercure et soufre – autrement dit corps, esprit et âme – de la plante les

1. J. Brosse, *La magie des plantes,* Albin Michel, p. 12.
2. *Revue Weleda* n° 98.

plus nobles possible afin que, débarrasées de leurs déchets et ennoblies par le travail de laboratoire, leurs vertus curatives parviennent à une quintessence »[1].

Fleur est également un terme alchimique que l'on retrouve notamment attribué à la matière première appelée « fleur des métaux » ou « fleur des fleurs ». Il est dit « si une plante est traitée par l'art spagyrique, autrement dit, si l'on en extrait la quintessence, son action devient tout autre, opérant profondément, elle détruit la cause du mal, par un principe semblable à sa cause »[2].

Cette quintessence se nomme aussi « le premier être » Elle est la partie la plus subtile du mercure et du soufre, unis par le sel volatil et animés de l'esprit céleste. C'est cette quintessence empreinte de l'idée divine et qui contient en elle virtuellement la forme que l'art spagyrique se propose d'extraire »[3].

La quintessence évoque le passage de l'état brut à celui de pureté absolue et opérante.

Le jardin était appelé soit *hortus*, enclos ou enceinte fermée, soit *viridarium* : lieu de verdeur et de vigueur. Le jardin, préau, où se tient la Dame, contient le secret du lieu perpétuel de la vie.

Dans le *Mutus Liber*, l'athanor est clos et circulaire comme le jardin de la Dame et comme lui offre un aspect crénelé. Les opérations alchimiques tendent vers l'obtention d'une pureté totale, sans mélange et sans intrusion.

Au Moyen Âge, on associe le jardinier et l'alchimiste : « l'être de tradition pratique l'art c'est-à-dire qu'avec charité, il assiste la nature et la secourt. Par l'art, il la met en état de

---

1. P. Darcheville, *La flore des Cathédrales,* éd Dervy, p. 166.
2. J. Mavéric, *La médecine hermétique des plantes,* éd. Bélisane, p. 43.
3. J. Mavéric, *op cit,* p. 152.

se surpasser (...) C'est là le fait du jardinier comme celui de l'alchimiste au laboratoire. Le jardinier ennoblit tous les végétaux par ses soins diligents... Les Anciens désignaient souvent l'alchimie sous le nom d'agriculture céleste parce qu'elle offre, dans ses lois, ses circonstances et ses conditions le plus étroit rapport avec l'agriculture terrestre... aussi bien au jardinage que dans les travaux d'alchimie la recherche de la pureté c'est-à-dire l'isolement à l'état pur de certains principes, permet ensuite, par recombinaison de ceux-ci d'obtenir des êtres nouveaux plus nobles »[1].

La Dame crée le jardin, au centre duquel elle se tient. Mais le jardin clos peut s'interpréter aussi comme l'âme dont le corps est la clôture. L'âme est l'athanor de l'alchimiste dont la transformation intérieure correspond aux transformations de la matière qu'il travaille. La Dame devient athanor. Elle recrée par le préau qui l'entoure, l'harmonie grâce aux essences pures. Elle le fait par la maîtrise de la langue des fleurs, par la connaissance traditionnelle qu'elle a reçue et grâce au feu toujours renaissant de son aspiration spirituelle.

Spiritualiser la matière

Le panier tressé près du singe contient différentes fleurs, pêle-mèle. Dans le plat rond en revanche ne se trouvent que des œillets, soigneusement disposés car ils ont été triés ; on a sélectionné les plus beaux. Ce plat rond est en or, donnant ainsi aux fleurs qui y sont disposées de même qu'au geste de la suivante une valeur particulière. Le plat d'or préfigure la couronne, les œillets qui s'y trouvent sont apportés rituellement à la Dame.

Par le panier, le plat d'or et la couronne, trois différents états de la matière sont représentés. Dans le panier tressé, la matière est à l'état brute ; elle a été recueillie mais non encore

1. H. Brodard, *colloque sur le jardin médiéval,* éd. Adama, pp. 91-92.

ordonnée. Sur le plat d'or, les fleurs sélectionnées représentent la « matière première » qui deviendra accomplie dans la couronne. En même temps, le plat d'or sur lequel sont présentées les fleurs indique que la matière première n'est transmutable que si elle contient déjà en elle-même le germe de l'or. L'or est le plus malléable et le plus ductible des métaux, il se polit parfaitement, est incorruptible et donc ne s'oxyde jamais, il est également inaltérable au feu et se forge très bien. L'or, dont le symbole est également celui du soleil est ce qui reflète le plus la lumière.

Les fleurs sur le plateau d'or sont donc de la nature de l'or ; seul le semblable peut s'unir au semblable. La Dame en assemblant ces fleurs fait un travail alchimique qui consiste à créer l'œuvre.

Les œillets de la couronne

Signification de l'œillet

Fleur très vivace sans épine, résistante, très durable, au parfum suave et puissant, l'œillet (*dianthus*) s'appelle également fleur des Dieux, par son parfum tenace et délicat. En tressant une couronne d'œillets, la Dame fait monter vers le ciel la fragance de ces fleurs pour le monde des dieux.

Essence vient du latin *essentia*, de *esse* « être ». L'essence est ce qui constitue le caractère fondamental, la réalité permanente d'une chose ou d'un être.

Pourquoi avoir choisi l'œillet pour faire la couronne ?

Il est à noter que l'œillet se trouve également en forme de boucle qui relie les deux bouts de la cordelière de la Dame en un troisième pendant central qui manifeste l'axe de la tapisserie. Il est présent dans la fibule qui orne l'ouverture de la robe de la Dame, révélant que sous le bleu se cache le rouge.

Au XVe siècle, cette fleur est symbole de fiançailles, c'est-à-dire d'engagement. Fleur mariale, l'œillet évoque Marie, ses fiançailles mystiques et la notion de rédemption. La Vierge est par ailleurs représentée dans certains tableaux offrant cette fleur à l'enfant Jésus, l'œillet étant alors symbole du parfum de l'amour absolu.

Les œillets de la couronne ont cinq pétales. Dans le symbolisme hermétique, la fleur a cinq pétales est placée au centre de la croix des quatre éléments : elle représente la quintessence. Le nombre Cinq est somme des quatre régions cardinales et du centre, autrement dit l'univers manifesté jaillissant d'une source unique. Aussi peut-on dire qu'à travers ce nombre ce sont les mille facettes de la manifestation divine qui sont représentées. Ce nombre symbolise l'union du principe céleste et du principe terrestre.

Symbolisme alchimique des couleurs blanche et rouge

Les œillets de la couronne sont rouges et blancs.

Entre 1480 et 1510, apparurent sur le territoire de l'ancienne confédération helvétique toute une série de peintures anonymes portant un signe particulier. Deux œillets rouge et blanc, souvent placés au premier plan de la composition. Les peintres anonymes sont connus sous le nom de « maîtres à l'œillet », bien que les œuvres soient de maîtres et de styles différents. Il s'agit souvent d'œuvres collectives, réalisées dans une étroite collaboration par les peintres. Les différents ateliers des maîtres à l'œillet entretenaient des liens particuliers dans un intérêt commun. Aujourd'hui, on parle d'ateliers regroupant peintres et artisans liés par une même foi et créant des associations que nous pourrions appeler confréries. L'œillet était dans ce sens la signature de ces confréries.

L'œillet blanc représente la pureté et l'œillet rouge l'action.

Rouge et blanc sont aussi pour le Moyen Âge, le sang du Christ et le lait de la Vierge qui « jaillissent et se mélangent et deviennent la Fontaine de Vie et la Source du Bien »[1].

Dans le langage de l'alchimie, les fleurs et les couleurs sont étroitement associées. « Les philosophes hermétiques donnent ce nom de *Fleurs* aux esprits enclos dans la matière. Ils expriment aussi par ce nom les différentes couleurs qui surviennent à la matière pendant les opérations »[2].

La couleur blanche montre que ce qui est impur a été brûlé et transformé. La racine du mot blanc est *bhel* et désigne d'abord la fleur ou la feuille. Par extension *bhel* est devenu *bhleg* ou *bhleign*, signifiant briller. Cela a donné en grec flamme et enflammer ; en latin *flammula* « petite flamme » mais aussi bannière, et *fulmen*, foudre. En germanique cela a donné *blank*, blanc.

Il y a là l'idée d'un blanc, résultat d'une purification par le feu (on se servait du reste autrefois des cendres du bois du chêne pour blanchir le linge).

C'est en épurant peu à peu la pensée que se révèle l'or qui y est caché. La pensée purifiée est volatile, comme le parfum des fleurs, c'est pourquoi il est nécessaire de la fixer pour qu'elle puisse s'incarner sur terre.

Les œillets blancs rappellent que le Verbe ne peut se révéler que dans un milieu parfaitement pur, entièrement tourné vers le ciel, dans un cœur qui bat au rythme du cosmos et qui n'est plus troublé par les passions terrestres. L'âme s'est élevée vers Dieu, elle repose en lui et parce qu'elle y repose, son esprit jaillissant comme un feu créateur lui permet de donner forme, de construire un symbole qui unit le terrestre et le céleste en une œuvre unique : la couronne.

---

1. *In* : Fulcanelli, *Le mystère des cathédrales,* J. J. Pauvert, p. 96.
2. Dom A. J. Pernéty, *Dictionnaire mytho-hermétique,* Arché Milano 1990, p. 169.

Rouge vient de la racine *rudh* en indoeuropéen qui a donné par ailleurs « rubrique ». Les rubriques dans les manuscrits du Moyen Âge commençaient par une lettrine rouge. Rouge est le feu qui donne l'impulsion pour manifester au dehors ce qui est conçu intérieurement. C'est un feu actif qui porte à la révélation ce qui est caché.

La rouge marque la fixation parfaite. Rouge est la couleur qui apparaît après le noir et le blanc, elle est appelée la Fleur de l'or, la couronne royale. Cette couronne royale est aussi nommée couronne victorieuse parce que les alchimistes disent que par leur création, la mort est vaincue.

Blanc et rouge sont, d'après les commentaires de Canseliet du *Mutus liber,* les deux substances que contient le mercure ; on les retrouve aussi sur le rosier d'or du *Livre d'Abraham le Juif,* repris par Nicolas Flamel et qui, au centre d'un jardin, porte des fleurs blanches et rouges.

Blanc et rouge représentent des étapes alchimiques ou différents temps de l'œuvre. La double signification des fleurs, à la fois supports de qualités célestes et représentatives des vertus que l'être en quête de sacré doit développer, enseigne que l'art de l'alchimie requiert non seulement la connaissance mais les mutations de l'âme vers une pureté toujours plus grande, toutes deux étant indissociables.

Cet état de pureté n'est jamais définitif mais un point de départ pour aller vers une perfection plus haute, une marche pour que l'âme s'élève. C'est la raison pour laquelle, les œillets blancs et rouges s'alternent sur le cercle que constitue la couronne. Ils rappellent que la purification est toujours à parfaire, les obstacles qui s'opposent à la spiritualisation de la matière sont toujours à combattre quelque soit le degré d'évolution de l'être ; ce cycle est un cycle incessant.

La Dame peut travailler cette matière subtile représentée par les fleurs parce qu'elle est elle-même déjà en état de pureté. Il y a croisement : le subtil descend du ciel et en même temps, s'élève d'une terre sacralisée par l'acte de la Dame.

Ces couleurs marquent un accomplissement, elles représentent une mutation de l'être par le fait même que les fleurs sont destinées à encercler la tête de la Dame, autrement dit le siège des pensées.

Comment s'opère cet accomplissement spirituel ? Là encore l'œillet nous enseigne. Son étymologie révèle qu'il signifie « petit œil » et également « ouverture ».

Ce « petit œil » est celui dont parle certaines traditions en tant qu'ouverture de l'être par laquelle il devient sensible au sacré. Ce « petit œil » a pour siège le cœur. C'est par lui que l'âme se nourrit de ce qui lui est semblable, à savoir l'essence subtile de la création. Il peut aussi faire penser au troisième œil, entre les deux yeux, de la tradition indienne.

Il y a un lien entre le cœur et la perception de l'abstrait. Ce lien est révélé à travers un jeu de correspondances entre œillets, cœur et couronne. Les œillets de la couronne indiquent que le « faire » de la Dame est issu de l'intelligence du cœur.

L'intelligence du cœur et l'art du tissage

Cœur-couronne ont la même racine *cor* qui signifie cœur en tant que siège de l'âme, de l'intelligence et de la sensibilité. Le cœur est le centre de notre être et acquiert une nouvelle forme de l'intelligence qui n'a rien à voir avec le mental et qui, au lieu d'analyser, relie, rassemble et assemble, et ainsi peut créer.

Tisser sa pensée

Penser a pour racine grecque *pen* ou *spen* qui a donné les mots anglais de *spin*, « filer » et de *spindle* « fuseau ». On retrouve cette racine dans *pênion* signifiant trame.

Marc Aurèle écrivait : « Réfléchis souvent à la liaison de toutes choses dans le monde et à la relation des unes et des autres. En un certain sens, elles sont tissées les unes avec les autres (...) L'une en effet, s'enchaîne avec l'autre, à cause du mouvement ordonné, du souffle commun et de l'unité de la substance »[1].

La Dame s'approche de l'essence des choses en « tissant » les fleurs.

« Tisser, écrit Mircea Eliade, ne signifie pas seulement prédestiner et réunir ensemble des réalités différentes, mais aussi créer, faire sortir de sa propre substance, tout comme le fait l'araignée qui bâtit sa toile d'elle-même »[2].

Le mot œuvre vient de *opus*, *operari* signifiant travailler avec ses mains mais aussi « accomplir une œuvre religieuse », « accomplir la tâche que réclament les dieux »[3]. C'est à celle-ci que la Dame se consacre en tressant la couronne.

Elle façonne la matière « fleurs ». Elle fait, comme il est dit dans les *Proverbes* « œuvre de ses mains habiles ».

La Dame a selon l'adage moyenâgeux :

« Des mains aux doigts intelligents
De même que l'instrument
Pour accomplir l'Œuvre avec justesse,
Des mains auxquelles tu as enseigné de servir en pureté,
Afin qu'une âme digne soit portée en elles,
Qu'elles manient tes mystères en dignité ».

L'acte est la mesure de notre conscience et la main devient l'outil œuvrant dans la quête de l'unité exprimée ici par la couronne. En reliant l'esprit à l'action la Dame transmute la matière en spirituel. Elle révèle à sa suivante sa capacité créatrice, et lui transmet sa connaissance du geste juste.

---

1. *In* : J. Hani, *Les métiers de Dieu,* Trois Mondes, p. 68-69.
2. *Traité d'histoire des religions,* Payot, p. 159.
3. Ernout et Meillet, *Dictionnaire étymologique de la langue latine,* Klincksieck, p. 709.

L'action des mains, leur travail constitue un pont entre mondes tangible et intangible. La vie spirituelle s'incarne dans le concret, les moniales qui vouent leur existence à Dieu ont toutes des tâches très concrètes à accomplir, côte à côte avec la prière.

Il est à noter que les verbes qui concernent l'action de la main sont également des verbes abstraits :

- Prendre donne comprendre,
- Saisir indique la fulgurance de la compréhension,
- Tenir signifie résister, et également tenir sa promesse, sa parole, se tenir, et enfin tenir au sens d'aimer.

Par la couronne, la Dame glorifie le divin et participe du mystère de la divinité. C'est peut-être la raison pour laquelle bien que protégeant la Dame de leur bouclier et portant fermement l'étendart et l'oriflamme, le lion et la licorne ont un regard qui exprime la joie : le lion sourit et les yeux de la licorne évoquent la sérénité et la paix.

« Il n'y a pas de joie supérieure à l'union de l'Amour et de la connaissance qui ensemble sont la Sagesse immortelle » (Sagesse de l'Inde).

La Dame en confectionnant la couronne fait un cercle rituel ; de là naîtra la royauté en esprit.

« Dans les réalités cosmiques, le binaire représente le principe de différenciation, le ternaire celui de l'action. Il est le nombre de la conception pour une idée, de la mise en œuvre pour l'acte. Il est le principe dynamique par excellence »[1].

Le ternaire permettant de lier les choses entre elles, grâce au cœur, hisse la pensée vers un plan supérieur et la fait entrer dans le mouvement même de l'intelligence divine qui est,

---

1. Dr. R. Allendy, *Le symbolisme des nombres,* éd Traditionnelles, pp. 40-41.

sans cesse actante. C'est par le trois que la pensée peut saisir l'essence des choses ; par lui qu'elle peut entrer dans les symboles et capter le Verbe qui est l'acte créateur par excellence. Grâce à la pensée ternaire, en s'élevant au-dessus de toute opposition, il devient possible pour l'être, dans un même temps, de s'unifier et de s'unir à la création, d'entrer en résonance avec elle.

Couronne et royauté en Esprit

La couronne est constituée d'un support végétal, paille ou osier qui peuvent aisément se courber, sur lequel les fleurs sont piquées les unes après les autres. Le support circulaire est nécessaire pour tenir le bouquet. Il est l'armature, la structure de base. Il donne forme à la couronne.

La couronne, au sommet de la tête, unit le céleste au terrestre. Il est dit en Égypte ancienne que les couronnes sont des déesses. Il y a donc un lien entre l'aspect féminin et ce passage vers le ciel. Englobant les notions d'élévation, d'illumination et de puissance, la couronne symbolise le plus haut degré de l'âme spirituelle. Elle est la rencontre de l'esprit la plus subtile avec la grâce. Aussi indique-t-elle une consécration : celle de la royauté en Esprit.

Le symbolisme de la couronne est lié à trois facteurs : sa place, sa forme et sa matière.

Sa place : une couronne se pose sur le sommet de la tête et marque le caractère transcendant d'un accomplissement. Aussi, peut-on dire qu'elle consacre l'être en lui donnant accès aux réalités intemporelles. Selon Plutarque, les initiés célébrant les Mystères portaient une couronne. Elle était couronne de lumière et de connaissance. Ici la Dame la confectionne mais ne la porte pas encore.

Le don de la couronne est l'un des rites de consécration du mariage au Moyen Âge, où ce qui est lié sur terre se retrouve lié au ciel. Dans les rites médiévaux de la consécration des Vierges, il leur était donné le voile, l'anneau et la couronne. « Le voile était dit sacré, et après l'avoir reçu, la vierge chant(ait) : "le Seigneur m'a revêtu d'un manteau tissé d'or et il m'a orné de ses pierres précieuses". La couronne était ensuite remise à la Vierge. Au XIIe siècle, elle est désignée du nom de torques, qui signifie à la fois le collier et la couronne de fleurs. Au XIIIe siècle, ce terme sera remplacé par celui de couronne (*corona*)»[1].

– la matière d'une couronne peut être de fleurs, de minerais ou de plumes « Vous, catéchumènes, vous tressez des fleurs spirituelles en couronnes célestes » est-il écrit dans le *Procatéchisme* de Cyrille de Jérusalem.

La couronne de la Dame, symbole d'un lien éternel avec le divin est composée de fleurs. Or, les fleurs sont éphémères, elles nous soulignent les idées de fugacité et de pérennité.

La couronne de fleurs est toujours à renouveler car dès qu'elle est terminée, les fleurs se fanent ; ce qui importe est l'acte de faire et refaire, c'est peut-être pourquoi nous ne voyons pas la Dame la porter. L'acte de tresser la couronne est un travail à l'image de la vie : incessant. C'est en fait à l'image de la création qui, en se renouvellant sans cesse, se régénère. La vie perdure et par les fleurs la beauté perdure puisque la vie est un éternel recommencement et que ce ne sont jamais les mêmes fleurs.

La couronne peut être également une ébauche en fleurs de ce que sera la véritable couronne en pierres précieuses. Le plus important : faire la couronne.

La couronne de fleurs peut exprimer la notion de quintessence.

---

1. M. M. Davy, *Initiation à la symbolique romane*, Champs Flammarion, pp. 233-234.

– Quintessence que l'on retrouve dans l'opération alchimique qui extrait le premier être de la matière, autrement dit sa vertu céleste.
– Quintessence à travers le parfum que les fleurs diffusent en s'ouvrant à la lumière.

Le parfum

Le parfum témoigne de la présence du divin, de l'Invisible. Le parfum est l'essence de la fleur.

De même que le parfum est de nature immatérielle, se diffusant dans l'air et se laissant porter par le vent, de même le parfum de l'âme ne peut s'exhaler que par la légèreté de l'être, c'est-à-dire son détachement. Exhaler signifie rendre l'âme.

Le parfum réveille notre mémoire que ce soit celle du temps ou celle de l'éternité. La quête spirituelle est celle du chemin de la mémoire, celle de la connaissance de notre essence originelle.

Le parfum donne la vie et dilate le cœur de joie, en attirant vers le beau et le sublime. Il offre à l'être d'embrasser la création divine dans sa totalité.

Le parfum est l'offrande. Les Anciens offraient aux dieux des monceaux de pétales de fleurs, comme en Inde, non pour la fleur elle-même, ou sa couleur mais pour le parfum qu'elle dégage. Il y a là l'idée que le subtil est offert au subtil, que la nature secrète de toute chose retourne à la source de vie.

*
* *

Le geste de tresser la couronne est apparement d'une grande simplicité. Quelle petite fille n'a pas participé à ce jeu ? Mais nous avons vu que chaque détail a une importance extrême dans cette tapisserie. Nous sommes en fait entrées dans le monde secret de l'alchimie et nous assistons à la création de l'œuvre par la Dame à travers un matériau tout à fait à part, des œillets rouges et blancs.

Une étape essentielle du chemin parcouru par la Dame est franchie : acquérir le langage des fleurs.

Le Langage des oiseaux

Nourrir

Sur cette tapisserie circule le vent de l'Esprit, ce vent venu du ciel qui offre la vie. Soulevant le voile de la Dame, la cape du lion et celle de la licorne, il anime toute la scène et lui donne sa luminosité. La présence de ce souffle divin est lié à l'acte qui se déroule sous nos yeux : celui de nourrir les oiseaux.

Il en est trois présents ici : la perruche perchée sur la main gauche, gantée, de la Dame ; le faucon et la pie, ailes déployées, qui attendent de venir à leur tour s'y poser.

La Dame est « Maître-oiseaux » au sens où elle est capable d'apprivoiser ceux-ci.

Porter l'oiseau et le nourrir se nommait, au Moyen Âge, *faire courtoisie*. Ce terme n'est pas sans évoquer l'amour courtois qui imprégna les mœurs et la littérature du XIIe au XVIe siècle. Ce mouvement était un art de vivre basé sur la noblesse de cœur et les vertus de l'âme.

La langue des troubadours célébrait l'amour dans sa pureté totale au centre duquel se trouvait la femme. Beaucoup d'historiens n'ont voulu voir là qu'un amour humain et il est vrai qu'avec le temps, l'amour courtois dégénéra en jeux d'exercice de style où la forme l'emporta sur le fond. D'amour de Dieu, il devint religion de l'amour alors que nombre de textes, à travers les descriptions de la bien-aimée, sont un hommage à l'amour du divin.

« ...Dieu, le Dieu bon, par sa sainte douceur est l'auteur et la source de toute beauté terrestre. Et cette référence à la foi n'est pas sans impliquer une résonance cosmique : c'est toute la beauté du monde qu'elle concerne à la fois, cette splendeur qu'évoque si bien l'exorde printanier cher aux plus anciens troubadours, le chant des oiseaux, le son clair de la fontaine et les arbres et les fleurs »[1].

Cette description fait écho à nos tapisseries au centre de chacune desquelles se trouve la Dame, celle qui dans la langue des troubadours est source d'inspiration de la quête chevaleresque, autrement dit, celle qui donne le souffle et que l'on nommait « Dame étoile du monde »[2].

La Dame était donc liée à l'amour divin, cet amour grâce auquel l'âme de l'être rejoint celle du monde au travers d'une série de mutations associées, en cette même époque, à la connaissance de la langue des oiseaux.

Cette connaissance était le fruit d'une vie offerte à la Sagesse, d'une quête incessante de l'Esprit. Cette quête est alchimique, fondée sur les métamorphoses de l'âme s'élevant par une perception et un vécu des correspondances qui tissent, en une même étoffe, la matière et l'esprit.

Les alchimistes appelaient Esprit universel ce principe de toute la création « qui est diffusé dans les œuvres de la nature comme par une continuelle infusion et qui meut chaque universel et chaque particulier selon son genre, par le moyen d'un acte secret et perpétuel »[3].

Cette quête incessante de l'Esprit est celle qui conduit à l'immortalité. Dans l'œuvre Alchimique rédigée par De Cyrano Bergerac au XVIIe siècle, les oiseaux révèlent à l'adepte que l'âme humaine n'est pas immortelle comme la leur mais que, s'il se laisse manger par les oiseaux, il « passera en leur substance ».

---

1. H.-I. Marrour, *Les troubadours,* Points histoire, p. 168.
2. *Op. cit.,* p. 175.
3. D'Espagnet cité *in Alchimie, le grand secret,* p. 19.

Devenir de la nature de l'oiseau, comprendre sa langue, façonner une âme capable de s'envoler vers le ciel en lui offrant les justes nourritures ; revenir, ensuite, se poser sur terre pour y vénérer le sacré par des actes utiles et lumineux, est l'enseignement révélé par cette tapisserie.

Le symbolisme de l'oiseau

« Je suis le messager du monde invisible, je connais Dieu et les secrets de la création, je porte, écrit sur mon bec le nom de Dieu »[1].

En tant que messager des dieux, l'oiseau a pour fonction, de révéler à l'âme humaine sa véritable nature ; de rendre à celle-ci la mémoire de ses ailes.

Dans la nuit noire, juste avant la venue du jour, l'oiseau chante. Il appelle la lumière. Il célèbre les rites de l'aube pour que le Soleil se lève et, ainsi, participe au jaillissement perpétuel de la vie. Le nom de Dieu est inscrit sur son bec car ce chant est expression de vénération et de gratitude.

C'est pour cela qu'il est joyeux ; pour cela qu'il apprend aux êtres : « La joie cosmique et aussi la joie divine qui, l'une et l'autre, se rejoignent afin de parvenir à l'unité »[2].

Par rapport à l'ensemble de son corps, l'oiseau a un cœur de taille exceptionnelle. De ce cœur si vaste partent ses louanges, ce cœur qui a pour particularité de vivre l'instant présent. L'oiseau ne thésaurise pas, ce qui le rend léger et libre car tourné tout entier vers l'immensité du ciel. Affranchi des contingences terrestres, il est maître de l'espace mais aussi du temps. Avec les années, ses plumes semblent garder les mêmes couleurs et son chant ne jamais s'altérer.

---

1. Attar, *Le langage des oiseaux,* Albin Michel, coll spiritualités vivantes pp. 47-48.
2. M. M. Davy, *L'oiseau et sa symbolique,* Albin Michel, p. 14.

Il est un tableau de Jean Cotelle (1693) où se mêlent toutes les sortes d'oiseaux que l'on peut trouver sur les tapisseries de la Dame à la Licorne. Ce tableau se nomme « La fontaine du grand duc ». Les oiseaux y sont associés au symbole de l'eau de jouvence, du perpétuel rajeunissement.

Dans *L'Autre Monde ou les états et empires du soleil*, De Cyrano Bergerac associe les oiseaux au voyage et à l' observation qui, respectivement, peuvent être compris comme la quête de sacré et la connaissance. Celles-ci, en effet, pour être vécues, requièrent de s'élever, prendre de la hauteur afin de devenir réceptives à l'Esprit.

« L'oiseau dans l'alchimie apparaît continuellement présent. Il remplit éminemment un rôle symbolique. Dans l'un de ses ouvrages, Marie Louise Von Franz vise le texte d'un traité de Zozime aujourd'hui perdu : "prenez la Pierre des philosophes, la noire, la blanche, la rouge et la jaune qui est un bel oiseau, cet oiseau qui vole sans ailes dans l'obscurité de la nuit aussi bien qu'à la clarté du jour" » [1].

Ne peut-on considérer que cet oiseau, capable de voler sans ailes, est l'âme ?

Il serait alors le porte-parole du monde divin à l'image de la colombe ou esprit qui, dans la Genèse, planait sur les eaux primordiales ; mais aussi le symbole de l'âme détenant par ses mutations – que les alchimistes associent à des couleurs précises – le pouvoir vital de relier la terre au ciel, l'esprit au corps.

Basile Valentin, moine bénédictin ayant vécu au XVe siècle et grand alchimiste, enseigne que l'Esprit et le corps ont besoin pour s'unir « d'une âme forte, précieuse, noble ». C'est elle qui « les affermit, les maintient ensemble et les défend naturellement de tous les dangers »[2].

---

1. M. M. Davy, *L'oiseau et sa symbolique*, Albin Michel, p. 157.
2. *Les 12 clés de la philosophie*, éd. de Minuit, p. 84.

Comprendre et vivre le symbolisme de l'oiseau conduit à percevoir l'essence même de l'âme à laquelle de nombreuses traditions attribuent le pouvoir de voler.

Dans le *Rig Veda* VI,9,5 il est dit que : « Le vol traduit l'intelligence, la compréhension des choses secrètes ou des vérités métaphysiques » et pour Mircéa Eliade, historien des religions : « Le symbolisme de l'ascension révèle sa signification la plus profonde lorsqu'il est déchiffré dans la perspective de la pure activité de l'esprit »[1].

Ce symbolisme est souligné sur notre tapisserie par l'attitude du lion et de la licorne qui, tous deux, se tiennent debout sur leurs pattes arrière totalement dépliées, comme prêts à l'envol.

La tradition enseigne qu'il n'est pas d'élévation de l'âme sans mutations de celle-ci. Ces mutations s'opèrent par une séparation du subtil et du grossier, par une purification toujours plus grande qui, seule, permet à l'âme d'atteindre le ciel puis d'incarner celui-ci sur terre.

Les oiseaux : faucon, pie et perruche qui viennent, tour à tour, sur cette tapisserie recevoir sans crainte leur nourriture puis reprennent leur vol ne seraient-ils pas différents états de l'âme ? De cette âme qui, selon Maître Eckhart : « peut dépasser le pouvoir de l'ange ».

Cette Dame si sereine ne nous enseigne-t-elle pas, bien audelà du temps, ce qu'est l'amour de la Sagesse dont : « La mesure en ce monde, selon Paracelse, est de vivre comme les anges dans le ciel » ?

Mais ces trois oiseaux sont aussi, en leur qualité de messagers du divin, différents aspects de l'Esprit ou de la lumière. On peut se demander, alors, quelle est cette nourriture que la

1. *Mythes, rêves et mystères,* Folio essai, p. 149.

Dame offre à l'Esprit pour l'apprivoiser ? Et quelle est cette nourriture dont son âme a besoin afin de s'accomplir et de servir en justesse le divin ?

Le contenu de la coupe et l'échange des nourritures

Parce que son contenu ressemble à de petites billes blanches, la perle a parfois été évoquée.

Lumière et pureté enfouies au cœur des ténèbres, la perle a une double signification. Elle représente autant : « cette gnose cachée et difficile à atteindre... »[1] que la lumière présente au plus profond de l'être qui a soif de sacré.

Elle est, alors, feu de l'âme en quête de spiritualité, feu qui « projette l'être aux sources de l'énergie, de la fécondité et de la fertilité universelles »[2].

Dans le geste de la Dame, il y a un échange croisé de nourriture. Par les perles qu'elle tend à l'oiseau, elle offre son âme, c'est-à-dire sa vie, à la lumière en ses différents aspects mais elle offre aussi, de par la double nature de la perle, la gnose ou connaissance en nourriture à son âme au fil de ses mutations.

Par cet échange, le souffle de l'Esprit est rendu présent. L'âme de la Dame est nourrie de lumière et d'Esprit parce qu'elle fait offrande d'elle-même au divin.

Par le don, l'âme devient connaissante et, parce qu'elle est connaissante, elle rend à la Sagesse ce que celle-ci lui a donné de percevoir. Cette tapisserie enseigne que l'offrande est l'acte qui rend présent le divin sur terre et permet à l'âme de prendre son envol.

---

1. M. Eliade, *Images et symboles,* Gallimard p. 198.
2. *Op. cit.,* Gallimard, p. 193.

Pour revenir au contenu de la coupe, la dragée a également été suggérée, laquelle n'est pas sans lien avec l'amande. Ce fruit est présent dans la Tradition au travers du symbole de la mandorle. Le Christ a souvent été placé, sur le tympan des églises, au centre d'une mandorle qui, étymologiquement, est construite sur un jeu de mots. Elle est « l'amande ourlée » c'est-à-dire celle qui ouvre sur la lumière[1].

On peut s'interroger sans fin sur ce que contient la coupe en or. Peut-être s'agit-il de mie de pain, le pain étant cette nourriture essentielle que l'on partage et que la Tradition a souvent associé à la connaissance.

Sa blancheur renvoie aussi à la manne dont le livre de sapience de Salomon dit quelle est nourriture des anges, miraculeuse, blanche comme la neige[2].

Peut-être s'agit-il simplement de ce que l'on donnait à l'époque aux oiseaux pour les apprivoiser. L'essentiel n'est pas tant de mettre un nom sur ce qui est dans la coupe que de prendre conscience que la forme ronde et la couleur blanche de la nourriture ici présente évoquent la perfection et la totalité ; contenue dans une coupe en or, elle est éminemment spirituelle et transcendée. Elle est de même nature que la coupe elle-même. Autrement dit, elle a la valeur de l'or parce qu'elle symbolise la communion entre l'âme et l'Esprit.

De même que l'oiseau ne s'apprivoise que nourri à la main, chaque jour, de même l'âme a besoin de nourritures spirituelles quotidiennes pour s'élever vers le divin et s'unir à lui.

L'être qui prend soin de son âme vit d'allégresse car l'âme le nourrit en retour. Mais apprivoiser l'Esprit, c'est également lui abandonner son âme chaque jour pour qu'il consente à descendre vers elle.

---

1. A. de Souzenelle, *Le symbolisme du corps humain,* Albin Michel, p. 419.
2. E. Urech, *Dictionnaire des symboles chrétiens,* Delachaux et Niestlé, p. 112-113.

Nourrir l'Esprit se fait tant de manière spirituelle que matérielle, ces deux modes étant indissociables. L'âme a soif de percevoir l'abstrait, de pouvoir capter ces lois invisibles et sacrées qui animent la création mais à la source de son envol sont également les actes c'est-à-dire un agir conforme aux lois perçues.

En nourrissant l'oiseau, la Dame nous enseigne à « Lier nos actes aux efforts de l'Esprit »[1] et ainsi à respecter le juste équilibre entre le terrestre et le céleste.

L'échange des nourritures est un moment de plénitude. La Dame, nourrie par l'esprit, célèbre un banquet alchimique qui marie Esprit et matière.

L'acte de nourrir et l'amour

L'acte de nourrir est sous-tendu par l'amour. Cet amour est perceptible dans le regard, d'une douceur extrême, que la Dame pose sur l'oiseau. Seul l'amour a le pouvoir d'apprivoiser car il est un lien exceptionnel.

Ce concept vital d'amour est également révélé par le fait que la Dame reçoit l'oiseau sur sa main gauche, celle du cœur. Cette main est protégée par un gant de fauconnier contre la nature acérée du bec et des serres.

Si l'oiseau s'y pose, c'est que celle-ci est parfaitement stable. Aucun volatil ne se perche sur une branche peu sûre. L'art de la fauconnerie apprend que si la main tremble, elle « gâche » l'oiseau.

Cette main gantée indique la fermeté d'intention comme d'action de la Dame et sa fidélité à l'œuvre. Ces deux qualités ou concepts sont renforcés par la présence de la genette d'une part, par celle du bichon d'autre part.

1. Canseliet, *Alchimie*, J. J. Pauvert, p. 338.

La genette[1] est ce félin tigré, de taille moyenne, qui se tient à gauche sur la tapisserie. Son symbolisme est commun à celui de l'hermine dont il est dit qu'elle incarne la pureté primordiale de l'être, sa conformité avec la pensée divine des origines.

La genette est symbole de la pureté de l'âme qui aime et sert le divin en toute gratuité.

Maître Eckhart a écrit :« lorsque dans toutes ses œuvres, l'être a des sentiments absolument purs, le fond de ses sentiments est Dieu lui-même »[2].

Assis sur la robe de la Dame, le bichon quant à lui est la fidélité en tant que partie intégrante de celle-ci dont le désir de sacré est devenu certitude.

Dans les bestiaires médiévaux, les chiens en général sont associés à cette qualité. Le bichon est le plus familier d'entre eux, celui que l'on tient toujours dans ses bras, contre sa poitrine car il est léger et vit dans vos pas, attaché à vos moindres mouvements. Le bichon est léger, de cette légèreté que donne au cœur la fidélité absolue, celle qui s'incarne, chaque jour, au plus profond de l'être.

Par la pureté de ses intentions et sa fidélité, la Dame a construit un cœur ferme dont la stabilité de sa main gauche est le témoin.

De ce cœur ferme, tout entier concentré sur le service de la Sagesse, surgit la persévérance dans le don, lequel est symbolisée par sa main droite. La Dame ne regarde pas ce qu'elle donne. Elle ne compte pas car ses yeux, traduisant l'orientation de son cœur, sont rivés sur l'oiseau. Bien que celui-ci tienne de quoi se nourrir dans sa patte, la Dame prépare déjà

1. Voir annexe sur les animaux p. 207.
2. Cité dans *De sable et d'or*, Les Trois Mondes, p. 175.

ce qu'elle va lui offrir de nouveau à moins que ce ne soit pour le faucon ou la pie qui attendent, à leur tour, de se poser sur son gant.

« Que votre main gauche ignore le bien que fait votre main droite. C'est-à-dire ne comptez pas dans la transmission de l'Esprit, ne soyez jamais avares de vos efforts pour parfaire la vie intérieure »[1].

Le don ouvre sur la vie en Esprit, sur la vie dans toute sa plénitude car, spirituellement, tout est donné à qui sait donner. Ainsi Khalil Gibran a pu écrire : « Il en est qui donnent comme dans la vallée, là-bas, le myrte exhale son parfum dans l'espace. Par les mains de tels êtres, Dieu parle et, à travers leur regard, il sourit à la terre »[2].

Le cœur de la Dame est devenu passeur de l'intelligence, entendue au sens de perception des plus hautes réalités métaphysiques.

Dans un conte Soufi nommé « le maître des oiseaux », un enfant demande à ce dernier pourquoi on l'appelle ainsi et il répond :« Je ne suis pas le maître des oiseaux mais leur serviteur. Si tu les sers, si tu sais écouter leur chant, un jour tu comprendras leurs secrets »[3].

La Dame comprend leurs secrets, autrement dit leur langue, cette langue que les alchimistes du Moyen Âge attribuaient aux sages.

---

1. *Les Origines sacrées de la royauté française*, Le Léopard d'Or, p. 114.
2. *Le prophète*, éd. Casterman, p. 22.
3. Abdel Saadi, éd. Terre blanche, pp. 18-19.

Comprendre la langue des oiseaux

Fulcanelli en parle comme de : « La mère et la doyenne de toutes les autres... C'est elle qui enseigne le mystère des choses et dévoile les vérités les plus cachées »[1].

Il précise : « qu'elle remonterait à Adam qui l'aurait utilisée pour imposer, selon l'ordre de Dieu, les noms convenables propres à définir les caractéristiques des êtres et des choses créées »[2].

Cette langue est la parole primordiale, le Verbe que la Dame perçoit. Cette langue est Une en tant que parole première mais infinie dans ses variations comme la création est infinie dans sa diversité.

Posée sur la main gauche de la Dame, la perruche est porte-parole du Verbe. Elle vient porter la parole primordiale jusqu'au cœur de la Dame qui est en capacité de l'entendre.

Il est aujourd'hui établi que les perruches, oiseaux de la famille des psittacidés, sont doués d'une exceptionnelle intelligence, sachant classer les objets selon leur forme, leur couleur et même leur matière. Ils ne sont pas seulement « imitateurs » mais ont une réelle compréhension de certains composants de la parole humaine[3].

De plus, ces oiseaux ont une ouïe hors du commun. Cette ouïe fractionne les sons et peut décomposer un bruit monotone pour une oreille humaine en une série de messages basée sur la multiplicité des intonations. En outre, elle perçoit tous les sons entre 400 et 20.000 hertz, c'est-à-dire tous les aigus et tous les graves.

---

1. Fulcanelli, *le Mystère des cathédrales,* J. J. Pauvert, p. 58.
2. Fulcanelli, *Les demeures philosophales,* Tome 1, J. J. Pauvert, p. 164.
3. Article d'Irène Pepperberg paru dans *Le Figaro* du 15 décembre 1998.

Au Moyen Âge, la langue des oiseaux que l'on appelait aussi langue verte était celle comprise par *l'amant vert.*

On peut se demander, au sein d'une époque qui pratiquait la cabale phonétique, si cet « amant vert » ne serait pas « l'âme en vers » autrement dit l'âme qui chante sur le même rythme que celle du monde ; l'âme-oiseau qui appelle et célèbre le retour de la lumière.

« La langue des oiseaux est un langage rythmé car c'est sur la science du rythme que se basent tous les moyens qui peuvent être mis en œuvre pour entrer en communication avec les états supérieurs... En latin, les vers étaient appelés *carmina*, désignation qui se rapportait à leur usage dans l'accomplissement des rites car le mot *carmen* est identique au sanscrit *karma* qui doit être pris ici dans son sens spécial d'action rituelle »[1].

La Dame, par sa perception de la langue des oiseaux, saisit les cadences présentes au cœur de l'univers, la consonance intérieure de toutes choses, les rythmes qui animent et transforment la nature.

La couleur verte, dominante chez les perruches et les perroquets, évoque l'idée de croissance, de renouveau à l'image de la création toujours renaissante par la puissance et la vitalité de la parole primordiale.

Ce renouveau est celui de la vie en esprit qui jaillit sans fin de la rencontre entre l'âme et le Verbe.

Outre la perruche, deux autres oiseaux : le faucon et la pie volent au-dessus de la Dame et attendent de venir se poser sur sa main afin de recevoir de la nourriture.

Dans ce monde médiéval où le symbole est essentiel comme clef d'éveil au sacré, ces deux oiseaux n'ont pu être choisis par hasard.

---

1. R. Guenon, *Symboles de la science sacrée,* Gallimard, pp. 57-58.

Le faucon

Au Moyen Âge, le faucon est un bien particulièrement précieux. Il marque la noblesse de l'être auquel il appartient car dresser un tel oiseau à la chasse relève d'un art « qui tout entier procède de l'amour » selon les paroles de l'Empereur Frédéric II d'Autriche ayant rédigé, au XIIe siècle, un traité à cet usage.

C'est par et grâce à l'amour de son maître que le faucon revient toujours sur son poing et lui offre la proie qu'il a capturée.

Avant de partir en chasse, il vérifie son plumage qui doit être impeccable pour garantir un vol souple et des attaques foudroyantes. Avec précaution, il le lisse de son bec en soignant particulièrement les longues plumes des ailes, les rémiges et celle de sa queue, la rectrice. Ce sont elles qui assurent la vitesse et l'adresse de son vol. Une fois dans le ciel, il s'immobilise puis, tout à coup, se laisse tomber en piqué, avec la fulgurance de l'éclair sur sa proie car sa vue est exceptionnelle.

L'acuité de son œil fait de lui un prédateur implacable. Il symbolise la vision totale, complète comme c'est le cas du dieu faucon Horus en Égypte ancienne.

L'art de la fauconnerie, que pratiquaient hommes et femmes au Moyen Âge, est donc art de la chasse et art noble avant toutes choses mais, sur notre tapisserie, il s'agit d'une noblesse d'esprit et d'une chasse bien particulière en conséquence : celle qui consiste à saisir les plus hauts concepts métaphysiques.

Le faucon se disait, en latin, *accipiter* du verbe *capere* qui signifie saisir, embrasser, concevoir. Cette conception ou art de percevoir les concepts est gage de fécondité spirituelle.

Pour entendre le Verbe, il est nécessaire, d'une part de s'y préparer ; d'autre part d'être capable de saisir avec précision les idées abstraites qui donnent, à toutes choses, leur essence et leur nom.

Le faucon est un des symboles de la royauté en Esprit. En pleine possession de ses capacités, il déclare : « Ma perfection réside dans l'observance de mes devoirs »[1].

Percevoir le Verbe est le fruit de la royauté en Esprit mais y parvenir nécessite des mutations profondes de l'être, ce que vient nous enseigner la présence de la pie.

La pie

Curieux oiseau que cette pie que l'on dit voleuse pour avoir perdu la connaissance de sa véritable nature. Si la pie est attirée par ce qui brille, n'est-ce pas en réalité par ce qui réfléchit la lumière ou la révèle ?

En quête de cette lumière, la pie consciente de ce qu'est un véritable trésor, place celui-ci dans l'endroit le plus sûr qui soit : son nid situé tout en haut des arbres, inaccessible.

Au début de ce chapitre, il a été parlé d'un bel oiseau qui serait la pierre des philosophes, la noire, la blanche, la rouge et la jaune. L'alchimie traditionnelle a toujours associé les phases du travail sur la matière aux métamorphoses de l'âme. Cette science, beaucoup pratiquée au Moyen Âge, était connaissance : « des lois de la vie dans l'être, dans la nature et la reconstitution du processus par lequel cette vie peut recouvrer sa pureté, sa plénitude »[2].

Ce processus consiste à séparer le subtil du grossier, l'essence de l'être apte à accueillir en elle le divin de ce qui l'alourdit par un trop grand attachement à lui-même.

---

1. *La révélation des secrets des oiseaux et des fleurs* de Al Muqqadasi.
2. Savoret, « Qu'est-ce que l'alchimie ? ». *Cahiers de l'hermétisme,* Albin Michel pp. 18-19.

Alors il devient possible, sur ce chemin de purification, de spiritualiser la matière et de corporiser l'Esprit.

Ce processus, selon les alchimistes, devait passer par la couleur noire, couleur de la matière première.

Puis vient la couleur blanche, état de purification qui régénère.

La pie qui, sur la tapisserie, déploie ses ailes, symbolise le vécu de ces deux premières étapes sur la voie spirituelle. La Dame a intégré l'œuvre au noir et l'œuvre au blanc. L'étape qui suit et qu'elle est sans doute en train de vivre, est celle de l'œuvre au rouge.

Ce temps de l'œuvre nous est signifié par le fait que le lion est rugissant, symbolisant par là le feu porté à son maximum. Dans cette attitude, il semble également mettre en garde sur les difficultés de l'œuvre et les dangers existant pour qui toucherait indûment au sacré. Avec sa cape soulevée par le vent, le lion paraît aîlé et fait penser au griffon, ce gardien impitoyable du trésor spirituel qui met à l'épreuve l'authenticité des êtres.

Dans la Tradition, le griffon, en tant que gardien du seuil, non seulement écarte les intrus mais oriente les initiés vers les voies du salut. Celui ou celle qui souhaite gagner sa confiance doit faire preuve, comme la Dame, de sa soif de connaissance, de sa flamme.

Le lion étant considéré comme « la nature royale du Verbe créateur », on peut penser qu'ici il veille à ce que ce dernier ne soit pas trahi dans cet instant magique où la Dame se nourrit de l'Esprit et se donne en nourriture à lui.

Percevant le Verbe, la Dame est actante. Ses pensées, ses paroles et ses actes sont offrandes de la vie à la vie.

Le jardin des roses

Le jardin n'est pas sans évoquer l'athanor, ce lieu clos au sein duquel se déroulent les mutations alchimiques ; ce lieu de transmutation où s'opère le mariage de la matière et de l'Esprit.

La barrière qui se trouve derrière la Dame a la forme d'un arc, mot d'où est dérivé celui d'arcane signifiant le secret.

Le temps de l'œuvre qu'elle est en train de vivre, temps où le mystère se dévoile, où le souffle de l'Esprit est présent, ne peut se vivre que dans le secret.

Il renvoie à ces roses blanches et rouges, enclos protecteur qui encercle la dame.

Tant le jardin, en sa qualité d'athanor que les roses rouges et blanches par le symbolisme de leurs couleurs et le parfum qu'elles diffusent révèlent que sous nos yeux se déroule une œuvre alchimique.

« Au Moyen Âge, la rose centrale des porches se nommait *rota*, la roue, or la roue est le hiéroglyphe alchimique du temps nécessaire à la coction de la matière philosophale et par suite de la coction elle-même. Le feu constant et égal que l'artiste entretient nuit et jour est appelé feu de roue. La rose représente l'action du feu et sa durée »[1].

Il est curieux d'observer que les roses de la barrière sont blanches depuis les pattes arrière de la licorne jusqu'aux pattes avant du lion. Elles deviennent rouges sous le ventre de celui-ci.

Dans le *Donum dei*, la rose blanche dit : « je suis l'élixir de blancheur et je transmute tous les métaux vils dans l'argent le plus pur » suit une citation du médecin Arnaud de Villeneuve :

---

1. Fulcanelli, *Le mystère des cathédrales,* J. J. Pauvert, p. 65.

« celui qui m'a faite blanche me fera aussi rouge. Le blanc et le rouge proviennent d'une même racine ». Et la rose rouge dit : « je suis l'élixir du rouge et je transmute tous les métaux vils dans l'or le plus pur »[1].

Cela nous ramène au fait qu'il est peut-être en train de se dérouler sous nos yeux la naissance du temps de l'œuvre au rouge. Ce temps où l'être, embrasé par sa soif de divin, place sa vie au service de la Sagesse et agit conformément à ce qu'elle aime. Grâce à sa connaissance de la langue des oiseaux, la Dame incarne cet agir dont la Tradition enseigne qu'il est de la nature de l'or.

*

* *

Par l'échange des nourritures entre âme et Esprit, la Dame perçoit le chant de l'univers et s'ouvre à la compréhension du monde. Cette perception va lui permettre de restituer l'harmonie de ce chant en composant une musique céleste sur cette autre tapisserie qui la représente en train de jouer de l'orgue.

Ainsi, en comprenant la langue des oiseaux, la Dame devient capable de servir le divin avec justesse et efficacité et permet que le souffle de celui-ci soit présent sur terre.

Quand le vent lumineux et vivifiant de l'Esprit se lève, il dilate le cœur et révèle, pour un court instant, les mystères les plus cachés mais pour un court instant seulement car la quête du sacré est un voyage sans fin.

Cette tapisserie enseigne que l'acte de nourrir ou acte d'offrande est celui par lequel la vie circule et se régénère. Cette réalité est confirmée par la présence du lionceau et de la jeune licorne. Parce que la Dame offre à l'Esprit la nourriture qu'il aime, lion et licorne vont pouvoir grandir et incarner pleinement ce qu'ils symbolisent : la Force et la Sagesse.

---

1. *In* : *Le Musée hermétique,* éd. Taschen, pp. 446-447.

Il n'est pas d'élévation spirituelle sans cet acte fondamental de nourrir c'est-à-dire d'éveiller sans cesse l'âme aux mystères de l'Esprit et de transmettre ou redonner ce qui a été perçu.

La jeune licorne est la Tradition renouvelée, toujours la même et toujours neuve qui crée une lignée spirituelle. Cette lignée est celle de la spiritualité féminine qui, en ses étapes spécifiques et avec sa sensibilité propre, est un des aspects de l'Esprit toujours à l'œuvre dans la création.

Entendre

La Dame joue d'un petit orgue portatif, très précisément d'un positif, avec sa suivante qui anime les soufflets de l'instrument.

Les animaux qui les entourent semblent charmés par la musique : leurs instincts comme neutralisés ou apaisés. Ainsi, le renard et l'agneau, près du houx sont sagement couchés. De même, un petit lévrier blanc, sur l'île est assis, faisant face à un autre renard qui lève la patte, comme s'il était domestiqué. La licorne tourne la tête vers l'orgue et semble sourire. Sa position couchée suggère qu'elle se repose, totalement abandonnée. Quant au lion, il paraît plongé dans une attitude de profonde écoute, ravi et apaisé par les sons qu'il entend.

Molinet, poète moyenâgeux écrivait : « Musique est résonance des cieux, la voix des anges, la joie du paradis, l'espoir de l'air, (...), le chant des oyselets, la récréation de tous cueurs (cœurs) tristes et désolés, la persécution et enchassements des diables ».

Tout sur cette tapisserie évoque l'harmonie au sens de science et art d'assembler les éléments selon un juste rapport.

Petrus Talemarianus dans *De l'architecture naturelle* fait de la réalisation de l'harmonie la condition nécessaire pour permettre à l'être, d'une part d'appréhender les perfections divines en lui-même et de les manifester dans ses œuvres, et d'autre part, de retourner vers l'absolu dont il est issu.

L'harmonie nous est révélée ici à travers la musique, conçue au Moyen Âge comme l'un des éléments constituant l'antichambre de Dieu (*l'aula dei*) et la porte du ciel (*porta caeli*), autrement dit la porte qui mène vers la connaissance et la Sagesse.

Osons franchir le seuil de cette porte qui nous invite à découvrir le sens de la musique pour tenter de percevoir celui de la tapisserie.

Musique et arts libéraux

Durant le Moyen Âge, la musique est principalement au service du sacré[1].

Il y a deux moyens d'appréhender cet art qui sont totalement liés et ne peuvent exister l'un sans l'autre : la *musica practica* et la *musica speculativa*.

– La *musica practica* est une nécessité pour les divers services religieux de la journée. La liturgie étant en extension continue et la musique constituant une partie intégrante de la liturgie quotidienne, il est demandé à de nombreux musiciens de composer des morceaux pour les nouveaux rituels chrétiens et selon les règles dictées très strictes. L'improvisation individuelle du *cantor* (ou musicien) n'y a donc aucune place.

– La *musica speculativa* est, quant à elle, étudiée par le philosophe théologien ou *musicus*, en tant qu'art libéral. Elle offre ainsi les possibilités d'une pratique métaphysique.

« L'idéal médiéval ne se réalise que dans la coordination des doubles exigences du *cantor* et du *musicus* ».

Aussi la musique est-elle d'une part le moyen privilégié de s'adresser à Dieu, et d'autre part, un outil (en tant que miroir de l'univers : *speculum*) permettant d'appréhender l'harmonie de la création divine.

---

1. *In* : A. Seay, *La musique au Moyen Âge*, Actes Sud, p. 12.

Boèce, reprenant la théorie des pythagoriciens distingue trois types symboliques de musique :

– la *musica instrumentalis* (musique instrumentale) qui règle l'usage des instruments. Ainsi l'harmonique discerne dans les sons l'aigu et le grave ; la rythmique étudie le mouvement des paroles et la métrique la mesure.

– la *musica humana* qui régit l'être. En même temps, c'est en lui-même que ce dernier peut la saisir car cette musique suppose un accord de l'âme et du corps. Elle résulte d'une harmonisation des facultés de l'âme et des organes dont l'analogie se trouve une fois encore entre les sons graves et les sons aigus.

– la *musica mundana* (musique du monde) qui correspond à l'harmonie des astres issue de leur mouvement, à la succession des saisons et des quatre éléments. Sa mélodie est d'autant plus aigüe que le mouvement est rapide, d'autant plus grave qu'il est plus lent. Le cosmos est ainsi un magnifique concert selon le mouvement des planètes et étoiles. L'ensemble constitue l'harmonie céleste ou harmonie des sphères.

Dans *l'histoire naturelle* de Pline, on peut lire que selon Pythagore, l'univers entier se définit en termes d'harmonie et de nombre. Aussi bien l'âme microscopique que l'univers macroscopique sont construits selon des rapports de proportion idéaux que l'on peut ramener à une suite de sons. On calculait ainsi la hauteur des différentes notes planétaires sur l'échelle musicale céleste d'après le temps que les planètes mettaient à parcourir leur orbite et on mettait les distances en rapport avec les intervalles entre les tons. L'intervalle musical formé par la Terre et la Lune était d'un ton ; de Mercure à Vénus, un demi ton ; de Vénus au Soleil une tierce mineure ; du Soleil à Mars un ton ; de Mars à Jupiter un demi-ton ; de Jupiter à Saturne un demi ton ; de Saturne à la sphère des étoiles fixes une tierce mineure.

Les étoiles sont les notes de lumière qui transmettent la musique des sphères au cœur des êtres.

Art sacré, la musique fait alors partie des sept arts libéraux qui, en tant qu'éveilleurs de conscience spirituelle permettent de relier visible et invisible.

Les sept arts ouvrent sept voies (*trivium* et *quadrivium*) de l'activité humaine. Les arts du *trivium* (Grammaire, Réthorique, Dialectique) désignent les sciences des *voces*, ce mot venant de *vox* c'est-à-dire le Verbe. Le *quadrivium* (Arithmétique, Géométrie, Astronomie et Musique) englobe les sciences des *res*, ce mot exprimant les biens concrets, la réalité avec la notion de richesse, autrement dit les sciences du « faire » ou comment le Verbe peut être incarné, révélé.

« Le septénaire comprenant le *Trivium* et le *Quadrivium*, n'est pas une création médiévale. Ce schéma est très ancien puisqu'il remonte au Ier siècle avant J.-C. Toutefois, les sciences du *Quadrivium* – exception faite du terme qui les englobe – apparaissent déjà chez les pythagoriciens, tandis que le *Trivium* est plus tardif dans sa composition »[1].

Les sept arts et sciences sont voies de connaissance, chaque art étant une échelle permettant de s'élever vers elle. « À l'égard de la philosophie, les arts libéraux remplissent une fonction essentielle. Le terme latin *ars* traduit le mot grec *teknè* (...) La *teknè* englobe toute l'activité humaine relevant de la capacité d'agir avec méthode et discernement »[2].

Les arts libéraux représentent les petits mystères donnant accès aux grands mystères. Il existe une hiérarchie des arts, mais tous concourent à la réalisation et à la perception de la Sagesse.

Ils ont été représentés par sept Vierges manifestant chacune un aspect de la Sagesse, dont on peut dire qu'elle est à la fois « Une » et « Sept ».

---

1. M. M. Davy, *Initiation médiévale,* Dervy, p. 35.
2. *Op. cit.,* Dervy, p. 36.

Selon Émile Male : « La Philosophie et les sept arts sont le suprême effort de l'intelligence humaine. Au-delà commence l'œuvre de Dieu ».

La musique fait partie intégrante des sept arts libéraux et en même temps il est dit qu'elle est créée par le sept : c'est en divisant l'hypoténuse de la harpe par le nombre sept, harpe conçue selon le Nombre d'or, que l'on place et que l'on ordonne les sons pour en faire des notes.

Dans certaines cathédrales dont Chartres, la Musique est sculptée sous l'aspect d'une femme tenant un marteau avec lequel elle fait sonner trois cloches, sorte de *glockenspiel* évoquant le jeu subtil que forment les trois arts et sciences du *trivium* dont il a été question plus haut.

Le nombre trois est symbole de la dynamique de la vie.

Le son, à l'origine du cosmos, est antérieur à la forme en tant que vibration première par laquelle le Verbe donne vie : « Pour que surgisse le monde, il faut que dans l'immensité immuable du vide éternel apparaisse une onde, un mouvement pur, dépourvu de substance, et qui, étant l'unique substance de la création est la source mystérieuse de toute existence »[1].

Hildegarde de Bingen écrivait que « la musique porte haut le Verbe ». Verbe, *logos*, signifie également en grec « rapport » au sens de « juste perception entre les idées ou les choses »[2]. Le Verbe a besoin d'une forme pour être manifesté ; si la musique peut remplir cette fonction, c'est parce qu'elle repose sur la proportion et le nombre, bases de toutes formes. Mais la musique est également liée au silence. La capacité de la Dame à jouer de la musique dépend de sa capacité de silence. Le silence est antérieur aux sons, il est l'une des formes

1. Y. Moatty, *La déesse des origines,* éd. Les deux Océans, p. 41.
2. M. Ghyka, *Le nombre d'or,* Gallimard, p. 20.

du Verbe. Il préside à sa naissance et à sa révélation. Musique et silence, tels l'Être et le non-être sont les deux faces d'une même unité comparables à la lumière et l'ombre. La musique ordonnée selon les lois de divine harmonie est musique céleste, elle est enseignement du silence car elle le rend perceptible. Le silence est unité créatrice, la musique est sa révélation. « Tout mouvement est produit dans le repos et par le repos » enseigne Hermès Trismégiste. Le silence engendre la musique, comme le point immatériel de la roue contient et engendre celle-ci. Qu'est-ce que la musique, sinon l'art de tisser des sons avec du silence, de faire respirer le silence ? Il y a sept silences en musique parmi lesquels la pause et le soupir. La musique est le juste dosage entre silence et vibrations.

Si l'harmonie est une mise en rapport entre les êtres, les idées, liée aux notions de mesure, de juste proportion par lesquelles le Verbe se révèle, la musique résulte alors de la connaissance de ces lois.

Par les vibrations de l'onde sonore, la partie supérieure de l'âme, selon maître Eckhart, peut ainsi s'élever comme une spirale vers le Verbe-lumière dont elle est issue.

L'orgue

L'orgue positif, (orgue de petite taille qui pouvait se transporter dans les jardins et la nature), en tant qu'objet central de la tapisserie donne toute la structure à la scène.

Quelle est la fonction de cet instrument et de quelle réalité est-il le symbole ?

Il est intéressant de noter que le mot « organiser » (*organizare*) qui a signifié jusqu'au XVIe siècle « jouer de l'orgue » a d'abord le sens de rendre apte à la vie (vers 1380).

Organiser c'est, dans cette optique, hiérarchiser, donner forme selon un ordre et un cadre précis.

La musique n'est-elle pas ce qui structure le souffle de l'Esprit ? Le cadre de l'orgue est donné par la licorne et le lion qui se retrouvent figurés en miniature sur ses montants. Leur présence en taille réduite n'est-elle pas une façon de souligner la notion de rapport qui, comme nous l'avons vue, donne l'harmonie de la musique ? Ce jeu de proportion entre les animaux et leur miniature renvoit à l'idée de petit et grand côtés contenus dans le Nombre d'or. On remarque également que le petit lion tourné vers la droite est la réplique inversée du grand, de même pour les deux licornes couchées en sens inverse l'une de l'autre, comme si les animaux se croisaient. Le lion est vers les hauts tuyaux donnant un son grave, car plus la bouche du tuyau est haute, plus le son est sourd. La licorne quant à elle se trouve vers les plus petits tuyaux : plus la bouche est large, plus le son est clair. On retrouve là, la mise en rapport des aigus et des graves qui concourent à rendre perceptible l'harmonie divine.

Orgue qui vient du latin *organum* « instrument », a par extension, signifié « instrument de connaissance ».

L'orgue dont joue la Dame est l'instrument de connaissance par lequel elle peut s'élever vers le divin. Instrument vient du latin *in* signifiant « dans » et de *struere* « construire » ce qui renvoie à la notion d'outil et d'architecture.

Sur cette tapisserie, l'orgue est l'outil de la Dame. Mais en vue de quelle construction ? Le tapis de l'orgue peut nous aider à comprendre quelques éléments.

Le tapis de l'orgue

Le tapis de l'orgue est tissé de formes géométriques qui rappellent les étoiles. Les motifs de l'étoffe sont différents les uns des autres mais comme les étoiles le sont dans le canevas du ciel, tous ordonnés selon la loi des Nombres. H. Reeves écrit : « d'atomes en molécules, d'étoiles en galaxies, d'amas en super-amas, notre univers est construit selon un mode hiérarchique. Cette hiérarchie s'étend de l'infiniment petit à l'infiniment grand »[1].

Si chacun des motifs s'inscrit dans un carré, un quadra, où il joue sa mélodie de couleurs et de formes, tous donnent cependant une impression d'unité car ils obéissent à une règle précise. Comme l'enseignait Hermès Trismégiste : « la musique n'est rien d'autre que la mise en pratique de l'ordre qui règne en toutes choses ».

La liberté dont a besoin la musique pour s'épanouir est semblable à celle qui régit la nature. Elle change sans cesse et pourtant elle est toujours la même. Elle obéit à des lois immuables qu'on ne peut transgresser sous peine de graves bouleversements.

La racine de la musique réside dans le divin et son caractère est déterminé par une structure correspondant à celle de l'univers dont il a déjà été question à propos de la musique des sphères.

L'orgue repose ainsi sur une base céleste, c'est au ciel que la musique prend sa source ; la Dame, en jouant de l'orgue tisse le monde en suivant le canevas étoilé posé sous l'orgue dont elle se sert comme d'une partition. La navette ce sont ses doigts, elle tisse un monde de lumière avec des sons purs.

S'accorder et être en résonance

On disait autrefois « toucher *(toccare)* » d'un instrument. Le toucher de l'organiste repose sur le fait que les tuyaux de n'importe quel registre sonnent tant que la bouche est abaissée, et ils cessent dès qu'elle est relachée. Il est impossible ainsi d'influer sur le soutien du son comme c'est le cas sur un piano moderne et le toucher n'a aucun effet sur la puissance

1. *In* : *Patience dans l'azur*, Seuil, p. 39.

sonore d'un orgue. C'est dire que cet instrument, s'il apparaît comme l'outil de la Dame, n'offre aucune prise à la fantaisie et à la sentimentalité de cette dernière, autrement dit il ne permet aucune « interprétation » du morceau. Il demande au contraire rigueur et précision dans son exécution.

Est-ce la raison pour laquelle dans la symbolique, l'orgue occupe la fonction de « roi des instruments » ? Roi, il l'est sans nul doute si l'on considère qu' il faut jusqu'à soixante-dix personnes pour actionner les soufflets de certains orgues et en faire jaillir les sons ! Cet instrument n'est pas au service de l'individu mais requiert au contraire de la part des êtres, qu'ils s'accordent à la fois les uns aux autres tout autant qu'à l'instrument lui-même.

Du reste, l'opération la plus courante pour produire un son à partir d'un tuyau d'orgue repose sur la technique de l'harmonisation. La sonorité et la puissance des tuyaux dépendent d'elle dans une large mesure.

On peut en déduire qu'il faut qu'il y ait au préalable harmonisation pour que la musique soit. Ainsi, la suivante doit être accordée à la Dame pour que cette dernière joue de l'orgue dont la sonorité est étroitement liée à la pression de l'air que l'on y fait entrer. La suivante insuffle l'air qu'elle régule dans un mouvement d'alternance tels « l'inspir » et « l'expir ». Il lui faut une qualité d'appréciation du jeu de la Dame pour faire le geste juste au moment juste, qualité d'appréciation qui dépend étroitement à la fois de l'attention qu'elle porte à la Dame et de sa connaissance de l'instrument.

Avec elle la Dame œuvre cette matière subtile que sont les sons.

En d'autres termes, il y a résonance entre ces deux femmes afin qu'elles puissent jouer de la musique en résonance l'une avec l'autre.

La musique relie mieux que n'importe quel art au monde divin. C'est certainement la raison pour laquelle la musique a le pouvoir de soigner à la fois cette partie haute de l'âme tout autant que le physique, ce qui est maintenant prouvé au niveau de l'ADN, comme l'affirme Hubert Reeves.

On peut alors penser que le bruit peut détruire l'âme en l'empêchant de s'élever alors que la musique des sphères peut la soigner.

Rythme et mesure

De la musique, Hermann Hesse dit qu'« elle naît de la mesure et prend racine dans le grand UN. Le grand Un engendre les deux pôles ; les deux pôles engendrent la force des ténèbres et de la lumière (...) la musique parfaite a une cause. Elle naît de l'équilibre. L'équilibre naît de la justesse et la justesse du sens du monde »[1]. C'est ainsi que dans la Chine légendaire des anciens rois, on reconnaissait à la musique un rôle déterminant dans la vie de l'État et de la cour. On identifiait presque la grandeur de la musique avec celle de la culture et de la morale, voire de l'Empire, et les maîtres de musique devaient veiller strictement à ce que l'on conservât les « anciennes tonalités » et à ce qu'on respectât leur pureté.

Toute musique est construite sur des temps, des rythmes qui sont semblables à une respiration. La musique est alternance de moments forts et de moments doux qui s'unissent pour former une unité. C'est l'accord parfait des notes et des mesures qui en fait la beauté.

Au Moyen Âge, « le rythme ternaire est nommé perfection, tandis que le binaire est toujours considéré comme imparfait » [2].

Saint Augustin écrit dans son traité *De musica* (1083) : « la musique est la science qui apprend à bien moduler » ; modu-

---

1. *In* : *Le jeu des perles de verre,* Calmann Levy, p. 37.
2. M. M. Davy, *Initiation à la symbolique romane,* Champs Flammarion p. 243.

ler vient de *modus* qui signifie mesure. Tous les termes qui appartiennent au monde de la musique sont liés aux notions d'ajustement, de proportions, de justesse : accords, diapason, harmonie, cadence... fondée sur une hiérarchie des valeurs des notes, des silences, des tonalités. La musique est liée au déroulement du temps qu'elle mesure et qu'elle module par le rythme. Elle est l'art du mouvement bien réglé.

D'après les différentes origines du mot « mesure »[1], on trouve le grec *mêtis* signifiant à la fois prudence et ruse. On peut peut-être faire un lien avec les deux renards placés en diagonale sur la tapisserie ; l'un sur le fond rouge, l'autre sur l'île. Par cette disposition n'indiqueraient-ils pas que la Dame reproduit sur terre la mesure du ciel ? Ce qui est en haut est comme ce qui est en bas.

Musique et Nombres

Hugues de Saint Victor écrivait : « la musique existe à cause des nombres et nous ne pouvons voir la beauté de Dieu qu'à travers son rayonnement qui provient de la musique. Cette musique libère et permet d'éviter la confusion et le désordre ».

Art des divines harmonies, elle est donc indissociable de la science des Nombres et de la géométrie sacrée qui révèle l'architecture secrète de l'univers.

La musique est une mise en ordre impeccable, un assemblage rigoureux dans lequel les notes semblent se répondrent les unes les autres pour créer de la beauté pure.

Selon les Anciens : « dans le monde perceptible où seuls la structure, la forme , le rythme ont un caractère de réalité aussi bien que dans le monde de l'idée abstraite ; le nombre est l'essence de la forme ou la forme par excellence »[2]. Les Anciens

1.Voir A. Rey, *Dictionnaire historique de la langue française,* Le Robert, p. 1231.
2. M. Ghyka, Le Nombre d'or, Gallimard, p. 25.

parlaient de nombres-idées, c'est-à-dire de nombres qui dans leurs essences et dans leur rapports, sont des moyens de formulation utilisés par l'Esprit et selon Platon « le Nombre est la connaissance même ». Lorsque M. Ghyka, dans *Le Nombre d'or* dit que « chez Platon la même phrase peut se lire comme une proposition de géométrie, de musique, de cosmogonie ou de métaphysique », cela sous-entend que la phrase est construite selon des rapports de Nombres définis extrêmement précis, répondant à des règles intangibles de création qui sont celles du langage divin.

Au-delà de la musique, c'est à l'eveil et à la construction de l'entendement en tant que moyen d'appréhender le monde, que nous conduit cette tapisserie.

L'entendement

Pour arriver à l'entendement, il faut faire le long apprentissage de l'écoute. Le sens de l'écoute est la première qualité pour jouer de la musique. Il est aussi une qualité essentielle sur le chemin de la connaissance. Ecouter c'est porter toute son attention à ce que l'on entend. Entendement a signifié à partir du XIIe siècle : « aptitude à comprendre la musique ». Ainsi écoute et entendement sont-ils indissociables. Dans l'étymologie du mot écouter, on trouve d'abord le sens d'accueillir favorablement puis la signification d'ajouter foi, d'obéir. L'écoute est une disposition du cœur qui demande à la fois concentration et réceptivité.

Notre oreille interne est composée de milliers de filaments microcospiques appelés cils. Ce sont les vibrations, les stimulations sonores qui les empêchent -physiquement- de s'atrophier. Une oreille qui n'est pas stimulée pendant plusieurs années devient une oreille morte parce que les cils qui la composent se sont tout simplement cassés, puis dissouts. Il en est de même sur un plan spirituel : l'oreille « intérieure » doit être exercée en permanence pour ne pas un jour devenir sourde. Écouter c'est accueillir les paroles de l'autre avec une réelle bienveillance dans le sens de « bien veiller » et de discerner.

L'un des sens d'entendre est : « suivre l'enseignement de quelqu'un ». L'entente vient de l'accord, ce mot étant composé du mot « cœur ». L'entendement naît lorsqu'il y a accord parfait entre ce qui entend et ce qui est entendu. C'est être à l'unisson.

Entendre relève de trois verbes :
- *intendo* : tendre vers, donner de l'intensité ;
- *comprehendo* : saisir ensemble, lier, unir, embrasser, saisir par l'intelligence ;
- *intellego* : discerner, démêler et comprendre.

L'entendement semble en conséquence aller avec les concepts :
- de direction (tendre vers) qui donnerait toute son intensité à la vie ;
- d'intelligence au sens de comprendre et qui serait indissociable de l'amour (embrasser ou faire un avec) et opérerait par une double action de discernement (ne pas confondre une chose avec une autre) et d'union (lier).

L'entendement est l'acte de distinguer l'harmonieux du disharmonieux, de discerner le pur de l'impur, de relier les sons, les paroles avec justesse, pour tenter de formuler le Verbe.

Musique et alchimie

La juste formulation du Verbe est opération alchimique dont l'une des appellations est « art musical ». L'alchimie tout comme la musique, a le pouvoir de transmuter la matière.

« Les manuscrits grecs donnent aux chercheurs de la Pierre (philosophale) le nom de poètes (...) L'alchimie, comme la poésie véritable (et comme la musique) refuse le discours linéaire, le vocabulaire rigoureux, univoque. Bannissant l'explication, elle est évocation. Elle met en mouvement des symboles dont les vagues puissantes soulèvent la profondeur de l'âme[1]. »

La musique selon les alchimistes est l'initiatrice par les Nombres qui la composent, elle influe sur la structure du monde. Elle transmute vers le divin et l'éternel : « les alchimistes se disaient capables de connaître les sons qui, convenablement reproduits, permettaient d'obtenir tel ou tel effet lors du déroulement de certaines opérations. Ainsi s'expliquerait cette présence, qui n'était pas simplement décorative, d'instruments de musique représentés sur diverses gravures et peintures alchimiques.[2] »

La musique fait bien partie du Grand Art. L'accord du son musical et du vocable provoque les réactions insoupçonnées de la matière (...) ce n'est pas sans cause que Cyrano de Bergerac émailla de fragments de portées, notées en plain-chant, son *Histoire Comique des États et Empires de la Lune*.

De même le fit Michel Maier qui donna, alternativement à ses poèmes hermétiques, les timbres de voix réservés à la musique de son temps »[3].

La première page de *L'Atalante Fugitive* commence ainsi : « nouveaux emblèmes chymiques des secrets de la nature adaptés en partie aux yeux et à l'intelligence par des figures (...) et en partie aux oreilles et à la récréation de l'esprit par plus ou moins cinquante fugues musicales à trois voix dont deux correspondent à une seule mélodie, simple, très adaptée au chant des distiques, destinées à être vues, lues, méditées, comprises, jugées, chantées et écoutées non sans un agrément particulier (...)

1. M. Maier, *Atalante fugitive,* librairie Médicis, p. 17.
2. S. Hutin, *Les alchimistes au Moyen Âge,* Hachette p. 73.
3. C. d'Ygé, *Anthologie de la poésie hermétique,* Histoire et Tradition, Dervy-Livres, p. 9.

Matila Ghyka écrit : « les muses nous ont donné l'harmonie comme une alliée de notre âme lorsqu'elle entreprend de ramener à l'ordre et à l'unisson ses mouvements périodiques qui sont déréglés en nous. Pareillement le rythme qui corrige en nous une tendance à un défaut de mesure et de grâce nous a été donné en vue de la même fin »[1]. Il poursuit : « Il existe donc une harmonie intérieure qui est la grande harmonie se reflétant dans l'être. La trame musicale est l'expression d'une autre pulsation cadencée : celle de la vie même »[2].

*

* *

La Dame nous permet de franchir avec elle une nouvelle étape, une nouvelle épreuve de la voie initiatique. Son parcours a été impeccable. Elle a franchi victorieusement le silence et le recueillement et peut donc agir en jouant d'un instrument qui plaira aux dieux, aux animaux et peut-être aux êtres humains si ceux-ci apprennent à écouter car la musique chasse le vulgaire de l'âme. La Dame participe à la vie du cosmos et telle une étoile, elle reconstitue de la lumière vivante en jouant de l'orgue : elle donne corps à la lumière qui se diffuse par le son en devenant musique. Le silence comme le son juste et harmonieux donne l'apaisement indispensable pour affronter l'épreuve suivante : voir.

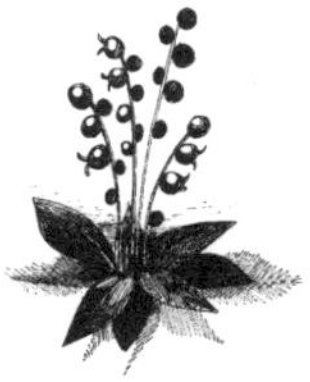

1. *In* : *Le Nombre d'or,* Gallimard, p. 37.
2. *Op. cit.,* p. 103.

Voir

Que l'œil incorporel sorte du corps pour contempler le beau ; qu'il s'élève et contemple non la figure, non le corps, non l'apparence, mais ce qui peut tout, ce qui est calme, tranquille, solide, immuable, ce qui est tout, seul et unique, ce qui est par soi-même et en soi-même, semblable à soi-même et non différent.

Hermès Trismégiste

Cette tapisserie est la seule où la Dame est assise. Tenant un miroir dans sa main droite, elle entoure de son bras gauche le garot de la licorne qui pose ses deux antérieurs sur ses genoux. La plupart des animaux qui composent la scène dont il se dégage une grande quiétude, sont assis. C'est peut-être le crépuscule, l'instant où la Lune se lève et où la nature fait une offrande silencieuse au jour qui s'achève. Le lion apaisé tient l'étendard qui n'est pas agité par le vent. En fidèle gardien, il veille sur l'instant de communion spirituelle entre la Dame et la licorne. On imagine aisément qu'il règne, dans cette scène, un silence absolu indispensable à l'acte accompli par la Dame.

Deux petits lévriers blancs, connus pour leur fidélité, veillent, l'un sur la force du lion, l'autre sur la pureté de la licorne. Lion et licorne ont ainsi chacun leur gardien protecteur.

Le chêne se situe à la droite de la Dame, du côté du lion et le houx se trouve à sa gauche, derrière la licorne. Le lion et la licorne puisent leur énergie de ces deux arbres. Au chêne, est associé le lion. Le houx, est en relation avec la licorne, image de la pureté absolue. Les deux arbres nous enseignent ici que, force et stabilité, d'une part, protection et pureté d'autre part, sont des éléments essentiels au vécu de ce qui se déroule sous nos yeux.

Voir c'est unir les opposés, percevoir dans le même temps les deux éternités, celle des cycles et celle de l'instant, autrement dit entrer dans le temps sacré qui est celui de la création. Voir est semblable à une brèche dans l'invisible : la vision relève à la fois de la fulgurance de l'instant et d'une totalité qui englobe toute chose.

Jacob Boehme écrit « l'œil primordial est le miroir magique dans lequel la Sagesse voit toutes choses à venir »[1]. De même, un adage du Moyen Âge enseigne que le passé et l'avenir dorment dans l'œil de la licorne, révélant que l'œil divin contient la totalité de la création. La création se produit dans l'instant présent : elle est sans cesse à l'œuvre et ce mouvement incessant fait qu'elle perdure éternellement.

Voir est un mystère et c'est à ce mystère que nous convie la tapisserie par les différents éléments qui la composent. Le miroir est au centre de celle-ci révélant qu'il est une clef essentielle de compréhension.

Le miroir, instrument de contemplation

Le miroir est un thème très répandu chez les auteurs de l'Antiquité et ceux du Moyen Âge. De même, on peut ignorer l'influence qu'exercèrent, dans la pensée médiévale, les auteurs tels que Platon ou Plotin qui associèrent le miroir à l'âme humaine. Ce miroir reflète la vérité ainsi que le contenu du cœur et de la conscience. Il est symbole de sagesse et de connaissance.

1. *De la Signature des choses,* Grasset, p. 20.

Au XIIIe siècle, Vincent de Beauvais écrivit le *Speculum Majus*, « le Grand miroir », œuvre immense qui connut un fort succès et se divise en quatre parties : le miroir de la nature, celui de la science, le miroir de la morale et celui de l'histoire. « Au miroir de la nature se reflètent toutes les réalités de ce monde dans l'ordre même où Dieu les a créées »[1]. Or que nous dit le Miroir de la nature ? Que le monde a été conçu comme : « une idée de Dieu réalisée par le Verbe » où « tout être cache une pensée divine (...) le savant s'élève des choses visibles aux choses invisibles : en lisant dans la nature, il lit dans la pensée de Dieu.[2] »

Aucun sage du Moyen Âge n'ignorait cet ouvrage dans lequel était consigné l'ordre du monde et pratiquement tout de la science ésotérique de l'époque. La plupart des bâtisseurs de cathédrales s'en inspirèrent pour sculpter les portails et il est très probable que cette œuvre magistrale fut également connue deux siècles plus tard par ceux ou celles qui réalisèrent les tapisseries de la Dame à la licorne.

Le miroir qui vient de *speculum*, spéculer au sens d'observer et de réfléchir, avait pour fonction de contempler le ciel, d'observer l'infini et le mouvement des étoiles. Instrument de connaissance, il mène à la contemplation, *cum templum*, littéralement « avec le temple », espace sacré où l'on étudiait les lois de l'univers.

« (...) C'est dans ce miroir, disent les maîtres, que l'homme voit la nature à découvert. C'est grâce à lui qu'il peut connaître l'antique vérité en son réalisme traditionnel. Car la nature ne se montre jamais au chercheur, mais seulement par l'intermédiaire de ce miroir qui en garde l'image réfléchie »[3].

Pour que le regard capte cette totalité, il doit, par un mouvement intérieur, changer d'orientation et se tourner vers le

1. Émile Mâle, *L'art religieux du XIIe siècle en France*, LdP, p. 161.
2. *Op. cit.*, p. 79.
3. Fulcanelli, *Les demeures philosophales,* Pauvert éditeur, p. 277.

ciel. Voir n'est pas regarder ce qui ne concerne que l'apparence des êtres et des choses. De plus, « regarder » contient l'idée de garder, de retenir qui est contraire à l'action de réfléchir évoquée par le miroir.

Réfléchir signifie « tourner son esprit vers », « diriger l'œil, la pensée » et contient l'idée d'orientation. Le mot « orient » quant à lui renvoit à l'origine, à la source d'où naît toute vie.

Le miroir que tient la Dame n'est donc pas un miroir ordinaire, ce n'est pas son propre reflet qu'elle y cherche mais bien, comme le souligne Emile Mâle, la pensée de Dieu ou Sagesse.

« La Sagesse (...) est un reflet de la lumière éternelle, un miroir sans tache de l'activité de Dieu, une image de sa perfection »[1].

Le miroir bombé, œil de l'univers

Le fait que la licorne apparaisse dans le miroir en taille réduite mais dans son intégralité révèle qu'il s'agit d'un miroir bombé. Ce genre de miroir est comparable à un œil mais à un œil très particulier. En effet, il a « la propriété de réduire les formes en leur conservant leurs proportions respectives »[2]. Ce miroir convexe renvoit à l'immensité de l'univers où chaque chose est montrée selon sa juste proportion, non pas à échelle humaine, mais à l'échelle du cosmos. Il a la faculté d'offrir un champ de vision de 360 degrés, c'est-à-dire une vision globale.

La Dame, elle, contemple la licorne directement, sans intermédiaire. Le miroir qu'elle tient, est, en réalité, destiné à nos yeux ; par lui, la Dame nous montre ce qu'elle voit. Elle

---

1. In : *Dictionnaire des symboles mystiques*, Dom Pierre Miquel, Sœur Paula Picard, *Dictionnaire des symboles mystiques,* Le Léopard d'Or, p. 309.
2. Fulcanelli, *Les Demeures philosophales,* Pauvert éditeur, p. 277.

nous révèle la face cachée de la licorne, son côté droit, que nous serions, nous humains, incapables de voir sans elle.

Le miroir a un double aspect. Lunaire, il est symbole de transmission, faisant percevoir que pour transmettre la lumière, il faut être de sa nature. Solaire, il transmute en être de communauté, faisant percevoir l'angle juste pour se fixer sur les étoiles. La matière du miroir est un métal céleste venant d'une pierre tombée à l'Orient du temple et constituant la chaîne des étoiles. Celle qui la contemple accède à la transmutation.

« Lorsque tu vois, il n'y a plus aucune image familière dans le monde. Tout est nouveau. Rien n'a jamais été auparavant. Le monde est incroyable »[1].

Le verbe « voir » est formé sur la racine *weid* qui a pour sens « prendre connaissance ». Le mot sanskrit *veda* signifie littéralement « voir et connaître ». Voir équivaut donc à connaître en conscience et passe par un changement de plan ou de conscience.

De la dualité à l'unité

Sur la tapisserie, le nombre deux semble recouvrir une importance particulière. Deux arbres – alors qu'ils sont au nombre de quatre sur les autres tapisseries –, deux chiens, deux carnassiers (le lionceau et le renard)... Même les lapins sont au nombre de huit, multiple de deux.

La création se produit par dédoublement de l'unité. Dès qu'il y a manifestation, il y a nécessairement dualité. Une chose n'existe pas sans son contraire et c'est pourquoi la dualité est une étape de la vision qui permet d'aller vers la connaissance. Comme l'a écrit Plotin, « il faut que l'intelli-

1. C. Castaneda, *Voir,* Témoin Gallimard, p. 157.

gence, quand elle pense, soit double » autrement dit, il faut pouvoir considérer une chose et son opposé pour appréhender la réalité dans son ensemble.

« L'erreur consiste à prendre la différenciation apparente et relative des choses pour une opposition irréductible et à méconnaître l'Unité véritable en laquelle elles se fondent »[1].

C'est parce que la Dame perçoit la nature créatrice du Nombre Deux que sa pensée peut s'élever vers le ternaire.

« Il est impossible de bien combiner deux choses sans une troisième : il faut entre elle, un lien qui les assemble. Il n'est pas de meilleur lien que celui qui de lui-même et des choses qu'il unit fait un seul et même tout »[2].

Le ternaire est le seul moyen pour retourner vers l'Unité qui est du domaine de l'inconnaissable. Sur la tapisserie, le Nombre Trois est présent par le triangle : licorne-Dame-miroir. La vision divine s'opère par le croisement des regards entre Dame et licorne et l'angle de réflexion du miroir. Licorne, Dame et miroir sont trois en un. La Dame est le troisième terme, le lien entre la toute proche et inaccessible Sagesse et son Verbe manifesté dans le miroir. Le Verbe est formulation du secret par nature comme le miroir, animé par le Principe, permet de croiser les mondes en se révélant lui-même.

Sur le plan physique, la vue s'opère par croisement : les deux yeux percoivent chacun une image inversée du visible. Ces deux images sont dans le même instant assemblées par le cerveau qui, les retourne, les « remet à l'endroit ». Il en est de même sur le plan spirituel : la Tradition enseigne que voir survient lorsque les lumières ont été inversées. Pour être en ca-

---

1. R. Allendy, *Symbolisme des Nombres,* éd. Traditionnelles, p. 31.
2. Platon, *Timée, in* : M. Ghyka, *Esthétique des proportions dans la nature et dans les arts,* p. 21.

pacité de contempler le monde divin et percevoir l'unité en toute chose, il faut qu'il y ait croisement entre le haut et le bas, le ciel et la terre, l'intérieur et l'extérieur. Alors l'œil devient le troisième œil dont parlent les traditions orientales. Il devient siège de la conscience.

« (...) toute l'énergie de sagesse réside dans le centre d'énergie du cœur, qui est relié aux yeux par des "canaux de sagesse". Les yeux sont les "portes" de la luminosité »[1].

De même, pour les Hébreux, les yeux ne se définissent « qu'en fonction de la seule réelle vision à laquelle ils sont destinés : la vision divine »[2] et l'œil qui se dit *ayin* signifie également la source, indiquant qu'il est à la fois le « moyen de connaître la source de vie et la source elle-même dans laquelle l'âme puise sa connaissance du divin ». Celle-ci écrit Philon d'Alexandrie est « vision du monde, mais vision ordonnée dirigée vers la contemplation, la beauté »[3].

La contemplation est indissociable de la solitude et du silence. Or on note que, sur cette tapisserie, la Dame n'est plus accompagnée de sa suivante. La contemplation du divin est associée dans beaucoup de traditions au désert. Le désert est le lieu du silence propice à la vision mais aussi le désert intérieur de l'âme, lorsque celle-ci s'est dépouillée de toute image. « Le pythagoricien Numénius (IIe siècle) pense qu'il est important de s'éloigner de tout ce qui peut retenir le regard. Il compare le contemplatif à un veilleur posant ses yeux sur la mer vide. D'où la nécessité de la solitude " là où il n'y a ni être humain, ni aucune autre créature "[4]. Sur une voie spirituelle, il est des temps de solitude et des temps de commu-

1. S. Rinpoché, *Le livre tibétain de la vie et de la mort,* La Table Ronde, p. 104.
2. A. de Souzenelle, *Le symbolisme du corps humain,* Albin Michel, coll. Espaces libres, p. 383.
3. *In* : M. M. Davy, *Initiation médiévale,* Dervy, p. 53.
4. M. M. Davy, *Le désert intérieur,* Spiritualités vivantes, Albin Michel, p. 80.

nion. C'est paradoxalement cette solitude qui permet à l'être de s'ouvrir à la nature véritable de l'amour.

La Dame est seule mais c'est une solitude sereine, habitée. Cette solitude est celle du cœur permettant l'union avec la Sagesse.

« L'union divine accompagne la solitude. Le juste vit dans un inviolable recueillement »[1].

L'œil du cœur

C'est parce que le cœur est Un qu'il est serein. Ce cœur pur et calme est semblable à la surface lisse, non troublée du miroir qui peut alors refléter le ciel.

« Pureté, élévation au-dessus des passions, éloignement de tout mal, voilà Dieu. Ces vertus sont-elles en toi ? Dieu y est aussi. Ton cœur est-il exempt de tout vice, libre de toute passion, pur de toute souillure, tu es bienheureux car tu vois clair. Purifié, tu aperçois des réalités qui échappent aux yeux non purifiés. Le brouillard qui t'aveuglait s'est dissipé, et dans le ciel très pur de ton cœur, tu contemples à l'infini l'heureuse vision »[2].

L'œil est un organe extrêmement sensible qui, du point de vue physique, devient inopérant quand s'y glisse la moindre impureté. Dans l'acte de voir, la pureté de l'œil est celle du cœur qui perçoit au-delà de la forme.

« Heureux ceux qui ont le cœur pur, car ils verront Dieu ». est-il écrit dans l'Evangile de Matthieu (Mt 5,8).

Le cœur dont il est parlé n'est pas celui des sentiments ou de l'émotivité. Réceptacle du divin, il s'élargit à mesure que

---

1. *Rusbrock l'Admirable,* éd. Librairie académique Perrin, p. 115.
2. Grégoire de Nysse, *Les béatitudes,* 6, 4, Coll. Les Pères dans la foi, DDB, 1979, pp. 84-86.

s'ouvre la conscience. « Dans son fond, le cœur est le siège de l'amour pur et de la Sagesse, il est à la fois perpétuellement vierge et perpétuellement fécond »[1].

Pureté et sérénité sont le ciment de la confiance entre la Dame et la licorne. Sur la tapisserie, cette dernière est totalement abandonnée. Elle, qui a la réputation d'être indomptable à l'image de la Sagesse qui ne se laisse emprisonner dans aucune forme, se laisse apprivoiser par la Dame.

Dame et licorne se manifestent une confiance immense parce qu'il y a reconnaissance mutuelle : la pureté de la licorne est la même que celle du cœur de la Dame.

La confiance est une force d'amour qui lie et unit les êtres de même nature. Selon Guillaume de Saint-Thierry, « la raison ne peut voir Dieu si ce n'est en ce qu'il n'est pas, tandis que l'amour consent à se reposer en ce qu'il est »[2].

Pureté de cœur, silence et solitude conduisent à la contemplation. « C'est seulement par la contemplation et le calme que naît la véritable intuition » est-il écrit dans *Le secret de la Fleur d'or*[3].

L'assise

Être assis c'est se poser, cesser toute agitation du corps et de l'esprit. L'assise est stabilité qui n'est pas immobilité mais équilibre et maîtrise intérieurs. Cette stabilité conduit à la contemplation qui exige une descente dans le cœur, un calme profond obtenu par le dépassement des passions humaines.

---

1. M. M. Davy, *L'homme intérieur et ses métamorphoses,* Epy, p. 42.
2. *In* : G. Epiney-Burgard & E. Zum Brunn, *Femmes troubadours de Dieu*, Brépols, p. 18.
3. Lu Tsou, éd. Librairie de Médicis, p. 65.

« Seule la contemplation, en tant qu'état résultant d'une totale vacuité permet d'appréhender la lumière et de plonger en elle »[1].

L'assise de la Dame révèle qu'elle a atteint en Dieu le total repos de l'âme. Non pas au sens de se reposer, mais de reposer en la volonté divine ou d'être le reposoir de celle-ci.

On ne voit aucun dossier, aucun accoudoir sur lequel la Dame pourrait s'appuyer. Son siège, caché par sa longue robe, est invisible et pourtant elle se maintient dans une parfaite rectitude. Elle est stable tel un socle sur lequel la licorne peut se reposer. Cette idée n'est pas sans rappeler le trône.

Dans la tradition soufie, il est dit que le cœur du contemplatif devient le trône de Dieu. Fondement de la pureté, le trône est symbole de la royauté en Esprit. « Le trône englobe toutes choses ; il symbolise la manifestation universelle prise dans son épanouissement total, qui comporte l'équilibre et l'harmonie ; il est le support de la manifestation glorieuse de Dieu »[2].

Or, pour la tradition chrétienne dans laquelle baigne le Moyen Âge, la Vierge Marie est appelée « siège de la Sagesse » et aussi « trône de Dieu ». C'est pourquoi la Vierge est aussi nommée « Voie royale », voie qu'emprunte l'Esprit pour se manifester.

La Vierge Marie était très importante au Moyen Âge et c'est à travers elle, comme le firent les femmes du temps passé, que nous pouvons mieux appréhender les vertus et valeurs qu'incarnent la Dame. Sur la tapisserie, elle est représentée en majesté : elle est le trône du divin qui lui permet de s'incarner sur terre, car son assise est dans le ciel.

---

1. M. M. Davy, *La lumière dans le christianisme,* Le félin, p. 78.
2. J. Chevalier, A. Gheerbrant, *Dictionnaire des symboles,* Bouquins, p. 977.

C'est parce que la Dame a réalisé en elle l'état de vacuité et de réceptivité à l'esprit, que la licorne pose ses pattes sur ses genoux. Le mot « genou » est riche de sens. On peut, tout d'abord, voir un jeu de mot avec le jeune houx qui figure à la gauche de la Dame et qui désignait à cette époque un initié (la posture du genou plié était un signe de reconnaissance). Genou est composé sur la même racine que les verbes engendrer et générer. La racine grecque *Gen* est également celle de *gnosis* (connaissance) et de *gnome* (intelligence).

Par le symbole du genou, il nous est révélé que la puissance divine s'ancre en terre à travers la Dame. Celle-ci n'est pas seulement le support de la Sagesse, elle devient le milieu matriciel qui l'engendre et la manifeste. « L'âme du contemplatif doit, comme Marie, réaliser la naissance du Verbe dans son cœur et, pour cela, l'âme doit, comme Elle, être "pure" et "vide" pour servir de support à la Présence divine. "Si ton âme est servante et pure comme Marie, dit Angelus Silesius, elle doit à l'instant être enceinte de Dieu" »[1].

Établir le Verbe sur terre c'est l'asseoir dans l'espace, lui donner une forme qui traverse le temps. Parfaitement stable, à l'image du moyeu de la roue qui engendre le mouvement, la Dame fait apparaître le Verbe en le révélant dans le miroir.

Voir et créer

Aux pieds de la Dame se trouve une genette. Le fait qu'elle soit en premier plan souligne son importance. Ce petit animal très apprécié au Moyen Âge était connu pour la vivacité de son intelligence et sa grande fidélité. Sa présence sur la tapisserie indique que la vision est une transmutation du plan humain au plan divin.

---

1. J. Hani, *La Vierge noire et le mystère marial,* Guy Trédaniel éditeur, p. 146.

N'est-il pas étonnant de retrouver ce même animal sur une des tapisseries de la cathédrale de Reims qui s'intitule « Les Perfections de Marie ? » On y voit représentée une genette aux pieds de la Vierge qui, dotée de tous ses noms symboliques, nous est montrée en train de broder. Elle accomplit l'acte créateur : celui de formuler le Verbe. Un de ses noms est « miroir sans tache ».

Pour créer, ne faut-il pas être en capacité de voir le divin comme le fait la Dame, dans cet acte où le ternaire est présent ?

Pureté de cœur, virginité de l'âme, maîtrise et stabilité intérieures sont les qualités indispensables à l'accomplissement d'un tel moment.

Voir est une perfection. « Voir est réservé aux êtres parfaits »[1]. La vision ne se situe pas sur un plan humain ; elle est transcendance.

Similitude et confondement

La Dame voit la licorne, mais elle est aussi à la ressemblance de celle-ci. « Parce que nous verrons Dieu, nous lui serons semblables » dit saint Jean[1]. Est-ce pour rappeler cette similitude ou assimilation en Dieu que la coiffure en aigrette de la Dame ressemble à la spirale de la corne de la licorne ?

« Il faut que l'œil se rende pareil et semblable à l'objet vu pour s'appliquer à le contempler. Jamais un œil ne verrait le soleil sans être devenu semblable au soleil, ni une âme ne verrait le beau sans être belle »[3].

---

1. C. Castaneda, *Voir*, coll. Témoins Gallimard, p. 152.
2. G. Epiney-Burgard & E. Zum Brunn, *Femmes troubadours de Dieu,* Brépols, p. 185.
3. Plotin, Ennéades, I, VI, 9, in *Dictionnaire des symboles mystiques,* Les Belles Lettres 1960.

Voir le divin survient lorsqu'il il y a confondement entre ce qui voit et ce qui est vu. Il n'y a plus d'image qui fasse obstruction à l'union en Dieu. La Dame est la licorne et la licorne est la Dame ; elles s'illuminent l'une et l'autre et forment un seul être.

« L'œil avec lequel je vois Dieu est l'œil avec lequel Dieu me voit ; mon œil et l'œil de Dieu sont un même œil, une et même vision, une et même connaissance, un et même amour »[1].

Au Moyen Âge lorsqu'un être frappait à la porte du monastère, il lui était demandé : « qui est-ce ? ». Tant qu'il répondait « c'est moi », la porte restait close. Lorsqu'il répondait « c'est toi », alors la porte s'ouvrait. La Dame semble dire à la licorne « regarde, je suis toi ». Ce n'est plus elle qui est face au Principe, mais le Principe qui est face à lui-même.

Mais sur cette tapisserie, la Dame fait plus que voir la licorne, elle la touche et est touchée par elle. On peut dire qu'il y a révélation du divin, révélation qui se trouve aussi évoquée par la robe de la Dame dont il nous est montré à la fois l'endroit et l'envers.

« Le pouvoir de l'intuition comprend un pouvoir de vision révélatrice de la vérité, un pouvoir d'inspiration ou audition de la vérité, un pouvoir de toucher la vérité, ou d'en saisir immédiatement la signification »[2].

*

* *

1. Maître Eckhart, *Telle était Sœur Katrei,* Cahiers du sud, p. 113.
2. Shri Aurobindo, *Métaphysique et psychologie,* Spiritualités vivantes, Albin Michel, p. 295, n° 1378.

La Dame voit parce qu'elle réunit en elle deux lumières : celle de l'œil créateur et celle de la lumière créée. L'action de voir implique qu'en elle se confondent ces deux pôles de lumière car voir est l'intuition créatrice : là où la formulation et la conception ne font qu'un. L'intuition pénètre au cœur des choses et en donne la connaissance. Elle englobe dans le même temps la perception de la manifestation et sa cause, hors de l'espace et du temps.

Par son pouvoir de vision et son intuition, la Dame devient lien entre ciel et terre. Elle peut alors transmettre le trésor de la Tradition.

Connaître

Un sentiment d'allégresse émane de cette tapisserie. On y célèbre une consécration. Sous nos yeux en effet se déroule une scène extraordinaire : la révélation d'un mystère propre à la tradition initiatique féminine.

La Dame, somptueusement vêtue, se tient debout sur le seuil d'une tente magnifique dont les pans sont soulevés par le lion et la licorne. Au fronton de l'édifice de toile, écrite en lettres d'or, la devise : « À Mon seul désir ». Précisons que la Dame ne s'apprête pas à pénétrer sous la tente, car si tel était le cas, le peintre cartonnier l'aurait représentée de dos. La Dame en sort et nous fait face pour déposer de précieux bijoux dans un coffre que lui présente sur sa gauche sa suivante. À sa droite, assis sur un coussin de brocart rouge et or posé sur un petit banc, le bichon immaculé nous regarde avec insistance. Il est l'une des clefs de lecture du message initiatique qui est ici transmis.

Au-dessus de la scène, dans le ciel, deux grands oiseaux s'envolent. Le faucon chasse le héron comme dans la tapisserie de la présentation au temple. Ils sont là à nouveau et nous rappellent que la quête de l'Esprit est un combat permanent, jamais achevé. Ces deux oiseaux symbolisent deux aspects de la connaissance, par l'acuité de l'œil du faucon et la précision fulgurante du bec du héron.

La coiffure de la Dame nous apprend qu'elle sert une haute fonction spirituelle. Ses cheveux maintenus en turban par des perles forment une couronne, surmontée elle-même d'une aigrette. La Dame incarne la royauté en Esprit ; nous assistons à une sortie en royauté. La Dame est sortie pour accomplir devant nous un acte rituel d'une très grande importance, celui de transmettre à sa suivante le trésor spirituel symbolisé par les joyaux.

La tente ou le lieu du mystère

Pourquoi une tente et quel est son rôle dans cette tapisserie ? La tente, ou pavillon de toile, permettait aux rois et à leurs cours de faire des haltes en campagne, avec un confort et une magnificence égalant presque le train de vie de leurs châteaux. Elle a parfois servi de point de rencontre entre deux belligérants, lieu neutre où furent ratifiés des traités de paix. On l'utilisait également lors des tournois de chevaliers pour y accueillir les champions durant les épreuves. Pôle de stabilité, elle était à cette occasion symbole de l'appartenance à un clan. Sur un plan symbolique, la tente délimite un lieu clos et protégé de l'extérieur. Les traditions de nomades considèrent que ce lieu recréé est le centre du monde, lieu sacré et magique où le divin vient rencontrer l'humain. Dans la Bible, on appelait « tente de la Rencontre » la tente où Dieu rencontrait Moïse.

Sur cette tapisserie la tente a une fonction particulière puisqu'elle est posée au centre de la scène. Elle ressemble fort à un pavillon militaire tel qu'on en dressait au XVe siècle devant les remparts de la ville qu'on avait résolu d'assiéger ou d'attaquer. Elle a la forme d'une tour ronde, couronnée de fleurs de lys, arborant à son sommet l'étendard aux armoiries de la Dame, « de gueules à la bande d'azur chargée de trois croissants montants d'argent ». On ne distingue aucun mât central qui la maintienne érigée. Magiquement, elle tient par son faîte, le ciel, dont elle semble descendre. Son axe central n'est autre que la Dame elle-même. Telle un vaisseau aérien, elle est amarrée par deux longues cordes aux grands arbres, le houx et le pin. Ces deux essences symbolisant respectivement la persévérance et l'immortalité, c'est sur la stabilité exceptionnelle de l'édifice de toile que l'on a voulu insister, stabilité reçue non pas de la terre, mais du ciel. Les deux cordes d'amarrage soulignent de leur passage le sommet des têtes du lion et de la licorne. Cette géométrie subtile nous indique que c'est l'Esprit qui tient la tente et l'ouvre. Il se révèle dans la ternarité Dame, lion et licorne.

Rond, bleu et or, le dais royal est semblable à une voûte céleste. La couleur azur de son drap est rehaussée de motifs de grenades et parsemée de flammèches d'or, rappelant l'or divin contenu dans chaque parcelle de la création.

Regardons à l'intérieur : l'espace est vide. Aucun objet, aucun décor, le sol est celui de l'île, naturellement jonché de fleurs, le tissu est sobre, de couleur unie sable. Ce dépouillement contraste avec le foisonnement de la richesse extérieure, symbole de l'abondance divine qui donne sans compter ni jamais être altérée. Mais c'est précisément dans ce monde sans image, dans le silence et les ténèbres qu'a lieu la régénération du monde manifesté. « La présence divine, en hébreu, *Shekinah,* voit son nom dérivé de la racine *Schakan*, qui signifie demeurer sous une tente ». Le symbolisme de la tente est important dans la tradition hébraïque, hindoue ou alchimiste : « L'hermétiste fait acte d'adoration devant la tente en attendant que se réalise le Grand Œuvre ». La même source ajoute : « La tente, bien fichée en terre, est un miracle d'équilibre entre les flux de l'énergie cosmique et les forces telluriques. Son espace vide et sa fonction de nomade la désignent justement pour être un des symboles de la vacuité, vacuité qui est l'un des signes de l'abandon à Dieu »[1].

La tente symbolise la faculté de l'âme à atteindre le divin par la vacuité et le silence intérieur.

La tente est le lieu retiré et sombre par excellence. Nous sommes là au cœur de la terre pure et vierge des origines de laquelle naissent tous les possibles, toutes les formes. Dans ce

---

1. I. et N. Bonnal, *Lancelot et la reine, chevalerie hyperboréenne et féminité,* Claire Vigne éditrice, p. 271.

lieu désert et clos jaillit la lumière comme l'œuvre naît dans l'athanor de l'alchimiste. « Là où prennent fin le désir et la connaissance, ce sont les ténèbres, et là brille Dieu » dit Maître Eckhart.

Serait-ce un aspect spécifique de la voie féminine que de vivre l'art de l'alchimie dans cette matrice de forme ronde, évoquant les temples des vestales ? La fonction de la tente est bien celle d'un athanor dont la reine sort pour nous présenter le résultat de l'œuvre alchimique. Cet athanor féminin n'est pas en matériau dur, mais en tissu, c'est un abri non fixe, une tente, qui se dresse là où on le décide, comme le font les nomades et les « gens du voyage spirituel ». « Le progrès accompli dans la connaissance des mystères spirituels, l'expérience de la Sagesse oblige le philosophe à "lever" constamment la tente pour s'avancer plus loin »[1].

L'acte féminin de l'alchimie serait l'immersion totale de la reine dans l'athanor, telle un bain où l'âme royale rencontre l'Esprit. « Ainsi l'âme doit s'élever sans cesse dans l'opération spirituelle. Là où elle trouve quelque chose de la lumière divine ou de la similitude divine, elle doit établir sa demeure, et sans retour jusqu'à ce qu'elle monte encore plus haut. Et ainsi, elle doit s'élever constamment dans la lumière divine et parvenir ainsi au-dessus de tous les habitacles jusqu'à la contemplation pure et nue avec les anges dans le ciel »[2].

La Dame se tient sur le seuil, c'est-à-dire à la jonction entre le créé et l'incréé, là où s'unissent intérieur et extérieur, mondes visible et invisible. La tente permet le passage de la Dame d'un monde à un autre. Elle ouvre une brèche dans l'invisible, grâce à cette porte ouverte sur le ciel, porte de la connaissance gardée par le lion et la licorne.

---

1. M. M. Davy, *Initiation médiévale,* éd. Dervy, p. 259.
2. Maître Eckhart, *Sermons*, tome II, éd Le Seuil, p. 159.

Lion et licorne sont les deux forces complémentaires qui permettent la révélation de la lumière, couple indispensable aux passages rituels successifs de cette initiation féminine. Les vertus que symbolisent ces deux animaux mythiques sont les piliers ou assises d'une âme noble. Ils sont les gardiens vigilants de la royauté de cœur que la Dame incarne, mélange subtil de force et de pureté. Le lion est sur cette dernière tapisserie un protecteur particulièrement puissant : assis et rugissant tel une figure de l'art héraldique, il est représenté comme sur la tapisserie « La langue des oiseaux ». De sa gueule sort une langue rouge qui évoque un rugissement tonitruant, or cette langue de feu symbolise le Verbe. Les alchimistes parlent de la difficulté de maîtriser l'ardeur de ce feu afin qu'il sublime l'œuvre en la fixant, et la parachève. La puissance d'action du lion est ici à son apogée. Il s'impose, avec la licorne, comme clef de l'accomplissement de l'œuvre alchimique. Leur acte rituel de soulever les pans de la tente est souligné par le fait qu'ils tiennent leurs pattes tous deux au même niveau, celui de la gueule du lion et de la bouche de la licorne.

L'idée d'action est insistante. Rappelons que les croissants de Lune évoquent une réceptivité qui est l'un des temps de l'action, le moyen de rendre celle-ci puissante et juste. La Lune, dans les traditions anciennes, n'est pas symbole de passivité mais bien au contraire d'un combat qui permet de discerner, de nommer, afin de faire jaillir la lumière de la connaissance. La Dame agit grâce à ces croissants de Lune, et la nature de son action nous est révélée par sa devise.

À mon seul désir

Au Moyen Âge la devise avait pour fonction de donner à l'être des capacités de création et lui permettre de construire sa vie en conformité avec l'idéal qu'elle révélait. La devise de la Dame est celle de sa foi qui est devenue son unique désir, celui de servir Dieu. « À Mon seul désir » est un vœu de fidélité absolue, ce que nous lisons dans les yeux du bichon qui trône véritablement dans cette tapisserie. L'importance de sa présence dans la scène nous indique que la fidélité est agent de consécration qui donne force au cœur de la Dame. Il n'est d'ailleurs pas le seul chien sur cette tapisserie. Deux autres sont alignés sur une diagonale invisible passant par lui : une whippet blanche se tient derrière le lion ; une autre est assise derrière les arbres et semble nous montrer du regard la bannière tenue par la licorne. Ce sont tous trois des chiens de petite taille. Ils nous enseignent que la fidélité doit s'incarner chaque jour dans les petites choses, car c'est cette fidélité quotidienne qui permet d'accomplir les grandes. Ils sont trois aspects de la fidélité qui accompagnent chaque pas sur la voie, du premier au dernier.

Si la fidélité est au cœur de la tapisserie, c'est qu'elle est en effet essentielle sur la voie. Elle est le vrai trésor qui avait été déposé dans le coffre, que le temps n'a pu détruire, ni ternir mais au contraire a porté et mâturé. La fidélité nourrit la quête jour après jour, entretient et renouvelle le feu du désir initiatique. Elle consacre une vie orientée vers « un seul désir ».

Il est d'ailleurs intéressant que ce mot « désir » ait été employé dans cette tapisserie. Il vient du verbe latin *desiderare* qui veut dire littéralement cesser de voir, constater ou regretter une absence, d'où la nécessité de chercher, désirer. Or ce verbe a pour racine *sidus* qui veut dire étoiles formant une figure, constellation[1]. Lorsque l'on ne voit plus les étoiles, on les cherche. Il ne s'agit pas là de voir avec nos yeux mais avec notre cœur. La vision du divin n'appartient plus aux humains, c'est pourquoi ils ont le désir du divin et se mettent en quête. La Dame a trouvé les étoiles en répondant à l'appel du divin. Elle a parcouru le chemin, maintenant elle peut transmettre ce « seul désir » qui lui a donné la vie, et c'est cette constellation d'étoiles immatérielles qu'elle déverse dans le coffret.

1. A. Ernout et A. Meilley, *Dictionnaire étymologique de la langue latine*, Éd. Klincksieck.

« Chaque pierre précieuse, chaque plante est un habitacle des étoiles qui recèle en soi une puissance céleste. Ainsi, de même que le ciel répand sa puissance dans les étoiles, de même les étoiles la répandent à leur tour dans les pierres précieuses, les plantes et les animaux »[1]. Dans le traité *Royale Chymie,* Crollius dit également des pierres : « Les pierres précieuses sont les étoiles élémentaires, elles tirent leur couleur, forme et teinture des métaux par la formation des astres »[2]. Traditionnellement, on pensait en effet que la lumière céleste pénétrait dans les profondeurs de la terre et qu'elle se cachait là au cœur des pierres précieuses. Lumière cristallisée, les pierres précieuses tiennent leur puissance originelle du ciel, c'est pourquoi elles confèrent vertu et immortalité. « À cette époque, on considérait moins les bijoux pour leur valeur marchande que pour les vertus qu'ils répandaient. (...) Le Moyen Âge croyait aux vertus attachées aux gemmes de bonheur : le bijou protégeait plus particulièrement certaines parties du corps. (...) Les pierres reliées aux astres conféraient des vertus magiques »[3]. Aussi bien le moment de la récolte de la pierre que de sa taille sont soumis au temps astrologique. Les pierres taillées n'ont pas le même pouvoir magique que les pierres brutes. « les pierres précieuses (...) sont travaillées et taillées à des heures bien déterminées, ce qui a pour but d'accroître leur puissance. Ce ne sont plus seulement des pierres astrologiques, mais également des pentacles qui agissent selon l'esprit de la planète qui leur correspond »[4].

Les bijoux portés par la Dame et sa suivante sont signe d'un langage et d'une science que nous avons oubliés aujourd'hui. À la fin du XVe siècle, cette science était présente dans la vie

1. Maître Eckhart, *Sermons,* tome 2, p. 159, éd. le Seuil.
2. P. 112, Lyon, 1624.
3. G. Morgane Tanguy, *Anne de Bretagne, Jardins Secrets,* éd. F. Lanore, F. Sorlot, p. 61.
4. J. P. Bayard, *Les rites magiques de la Royauté,* coll. Mystères initiatiques, éd Friant.

quotidienne des reines, ainsi « Anne de Bretagne fit toujours promettre à ses filles de porter du jaspe, pierre bénéfique, talisman de bonheur en famille et surtout contrepoison efficace »[1]. Le bijou n'est plus qu'objet de coquetterie ou de spéculation. Pourtant il contient une connaissance ésotérique. « L'or et les pierres précieuses exercent une fascination. Ce sont là des degrés de beauté pour accéder à la splendeur divine. Suger dira qu'en "transposant ce qui est matériel en ce qui est immatériel, le charme des gemmes multicolores l'a conduit à réfléchir sur la diversité des vertus sacrées" »[2]. Gemme est le nom à la fois de la pierre précieuse et celui du bourgeon. Les deux sont le fruit d'une longue maturation silencieuse et secrète.

Les pierres sont vivantes et il leur faut des millénaires pour grandir et devenir précieuses. Elles n'appartiennent pas au temps humain mais au temps des étoiles et donnent au présent un goût d'éternité, comme le fait l'initiation, éternelle dans son principe, et dont le vécu sur terre se transmet dans un temps qui dépasse les individus et les civilisations. Maître Eckhart disait que le mot « pierre » signifie connaissance. Les écrivains de la Renaissance diront que les pierres précieuses portent un défi au monde des ténèbres. Ainsi, les pierres précieuses dévoilées par la Dame ne lui appartiennent pas, elles symbolisent le fruit de la connaissance initiatique, venue de la nuit des temps et transmise de femmes en femmes.

Les ténèbres de l'athanor ont engendré une véritable lumière, celle du bijou floral magnifique que la Dame va déposer dans le coffre.

---

1. G. Morgane Tanguy, *Anne de Bretagne, Jardins Secrets,* éd. Fernand Lanore, F. Sorlot, p. 329.
2. M. M. Davy, *in* : *Initiation médiévale,* éd. Dervy, pp. 27-28.

« Là où est ton trésor, là aussi sera ton cœur »

(Matthieu, 6-20)

Le joyau, d'après son étymologie, s'apparente à la joie et à ce qui réjouit. N'est-ce pas le sentiment que donne ce grand bijou ? Comment mieux exprimer la joie de suivre un chemin qui a du cœur, un chemin initiatique ? Bien que l'on ne puisse définir s'il s'agit d'un collier ou simplement d'une guirlande de pierreries, la multiplicité de ses couleurs évoque les mille manières de formuler la lumière, l'infinité des couleurs du Verbe. Ce sont des paroles de vie éternelle, porteuses d'une joie qui n'est pas de ce monde, car elles viennent du ciel et sont nourriture de l'âme. Chaque minéral est une formulation de la lumière puiqu'il en révèle une couleur. Assemblés, les minéraux réunissent les caractéristiques du spectre lumineux et reconstituent la lumière sous tous ses aspects. L'assemblage des pierres précieuses est donc l'acte de reconstituer l'unité de la lumière à partir de sa multiplicité. Ainsi jaillit la lumière naissante et un nouveau cycle commence. La Dame aurait qualité de passeur des différents aspects de la lumière du Verbe. Par ses actes rituels elle nomme et elle assemble les pierres, pour les donner. Parce qu'elle est en capacité de décomposer, de nommer et de recomposer le grand bijou de la connaissance, elle est en capacité de le transmettre. L'essence même du principe féminin de l'univers serait de pouvoir assembler tous les aspects de la lumière afin de garantir la marche du monde.

Ce bijou est la lumière que des êtres sont allés quérir dans les symboles, lumière dont ils ont nourri leur conscience afin de faire naître une pensée symbolique. Il est l'héritage des Anciennes, il représente ce qui a été perçu, vécu, formulé de plus haut et de plus juste sur le mystère de la vie. Les pierres symbolisent la connaissance née du partage des mêmes nourritures spirituelles, connaissance léguée par celles qui ont parcouru le chemin avant la Dame. Ce sont des joyaux célestes tombés du ciel pour éclairer le chemin, des traits de lumière corporifiée qui jalonnent l'univers, comme les cailloux que sème le petit Poucet pour retrouver son chemin.

La Dame porte de nombreux bijoux sur toutes les tapisseries, depuis l'escarboucle lors de la présentation au temple jusqu'à ceux dont elle se dépouille dans cette dernière scène. C'est comme si le diadème qu'elle portait au début du chemin s'était démultiplié, à l'image des dons reçus de la Tradition qu'elle a su faire fructifier.

Le détachement

Or la Dame se défait de ce trésor qui, comme nous l'avons vu, n'est pas matériel mais symbolise la connaissance. Pour elle, le combat entre les joies du monde et celles de Dieu est dépassé. La Dame est libre de tout attachement aux désirs matériels, mais plus encore, elle choisit de faire don de sa foi au divin, dans un acte d'ultime abandon. Elle redonne la Sagesse à la Sagesse pour se fondre avec elle. La devise « À mon seul désir » dévoile ainsi un chemin de lumière qui conduit au pur détachement.

« Le pur détachement se situe au sommet. Or celui-là est au sommet en qui Dieu peut agir selon son absolue volonté »[1]. La volonté de la Dame rejoint la volonté divine. Renoncer vient du latin *renuntiare* qui signifie « annoncer en réponse ». La Dame répond à Dieu par l'offrande. Elle donne son seul désir parce que c'est ce qu'elle a de plus précieux . « Aucun artiste, si habile et si doué qu'il puisse être, ne parviendra à un résultat s'il ne consent à sacrifier l'or vulgaire, point de départ de son travail. (...) C'est seulement en renonçant à ce qu'il a de plus précieux qu'il s'assurera la fécondité et une postérité philosophique nombreuse comme le sable qui est au bord de la mer, sous la forme de la Pierre dotée d'une vertu de multiplication infinie »[2].

---

1. Maître Eckhart, *De l'homme noble, Les traités,* Le Seuil, p. 147 et 161.
2. M. Maier, *Atalante Fugitive,* (1618), Librairie Médicis, note p. 221.

Selon Maître Eckhart, le détachement est au-dessus de l'amour. C'est lui qui permet d'aimer. La Dame a atteint ce point de détachement qui rend son chemin utile à sa suivante. Si elle renonce aux fruits de la connaissance, c'est bien pour les transmettre afin de les faire fructifier. Par cet acte elle est véritablement connaissante car « On ne peut donner que ce que l'on possède et on ne possède que ce à quoi on renonce » dit encore Maître Eckhart. L'amour véritable est atteint par le détachement. L'un et l'autre doivent être vécus dans le même temps. Le détachement conduit à l'amour véritable et à la connaissance.

La Dame se dépouille de tous ses bijoux sauf de sa ceinture, car elle ne quitte pas sa fonction royale. Elle conserve également sur son corsage un bijou en forme de fleurs à quatre pétales, symbole des quatre orients grâce auxquels elle pourra continuer son chemin.

Connaître

Tout au long de sa quête, la Dame a perçu et vécu les différents aspects de l'initiation féminine en franchissant les étapes rituelles décrites dans les tapisseries. Si dans cette dernière scène la Dame transmet les trésors spirituels, c'est parce qu'elle a reçu un enseignement : elle a franchi la porte du temple en état de pureté, elle a appris à tresser la couronne de la royauté dans son cœur, puis elle a appris à nourrir et à donner, elle connaît l'art de la musique, elle entend et elle voit. Cette dernière tapisserie semble être l'ultime étape de l'initiation de la Dame car après la langue des fleurs et des oiseaux, c'est la langue de l'Esprit divin qui lui est révélée.

Revenons au drap somptueux de la tente, et à ces flammèches d'or qui illuminent sa couleur azur. Ce sont des fragments de lumière comparables à la manifestation de l'Esprit dans le mystère chrétien de la Pentecôte. Cette fête est celle de la descente de l'Esprit sous la forme des langues de feu. Le Moyen Âge est imprégné des Évangiles et il ne serait pas surprenant qu'il y ait là référence au don des langues reçu par les Apôtres lors de cette fête. « Fête de l'esprit et du Verbe, la Pentecôte se veut aussi fête de l'intelligence, de l'initiation et de la révélation »[1]. Ainsi la tente serait comparable à la demeure du Verbe, et la Dame gardienne de cette science divine, que le Moyen Âge désignait comme la plus haute des sept arts libéraux.

Transmettre

En déposant les joyaux dans le coffre ouvert, la Dame ne les touche pas de ses mains mais les fait glisser délicatement à l'aide d'un voile. Ce qui est sacré désigne ce qui ne peut être touché sans être souillé, aussi n'est-il pas surprenant que les joyaux, trésor de la Tradition, soient protégés d'un voile dont la blancheur et la transparence évoquent la pureté de cœur qui unit la Dame et sa suivante.

Voiler se dit de ce qui est caché à la vue, au sens propre, comme au figuré. Pourtant, on dit également que le jour masque la lumière des étoiles et qu'il faut le voile de la nuit pour les révéler. Le voile est ainsi, à sa façon, une mise en lumière, alors que révéler signifie « voiler de nouveau ». On peut jouer sur les mots, en disant que ce qui voile révèle, et, tout en révélant, voile de nouveau. Visible et invisible s'unissent dans une seule et même étoffe, qui selon l'éveil de conscience voile ou révèle, sans jamais, pour autant, épuiser le mystère de la vie. Par ce voile, c'est l'Esprit même de la quête initiatique que la Dame transmet à sa suivante. On retrouve ce même jeu d'alternance dans le geste du lion qui recouvre l'oriflamme avec le pan de tissu qu'il soulève, alors que la licorne, de son côté, tient le pan de tissu de telle manière qu'elle découvre la hampe de la bannière. Elle révèle et il revoile.

---

1. I. et N. Bonnal, *Lancelot et la reine, chevalerie hyperboréenne et féminité,* Claire Vigne éditrice, p 178.

La suivante reçoit le trésor par l'intermédiaire d'un coffre. Le coffre évoque un lieu secret et inviolable qui protège un mystère. Il est comparable à la corbeille de Bacchus appelée *cista* que portaient les cistophores aux processions des bacchanales et dans laquelle était enfermé ce qu'il y avait de plus mystérieux[1]. Sur celui-ci on aperçoit un fermoir, mais il ne semble pas y avoir de clef. Le coffre est un objet destiné à être scellé, cependant ici il est présenté ouvert, il est donc synonyme de révélation ou de transmission. La fonction de la suivante sera donc de protéger le secret ici dévoilé pour être transmis. Cependant, le secret ne peut être partagé que parce qu'il est vécu, c'est sans doute pourquoi la Tradition et son trésor se gardent seuls. L'alchimiste Geber a écrit : « Là où j'ai parlé le plus clairement, le plus ouvertement de notre science, c'est là que j'ai parlé le plus obscurément et l'ai cachée »[2].

La suivante porte le coffre à la hauteur du souffle de la licorne, car il contient des biens du ciel qui n'appartiennent à aucun humain. D'ailleurs il est déjà empli de richesses, puisque la Sagesse est une source qui ne tarit jamais.

C'est l'unique tapisserie où la suivante se tient à la gauche de la Dame. Et c'est par la gauche qu'elle reçoit ce que la Dame lui transmet. Or la logique voudrait que la Dame accomplisse cet acte de donner du côté droit, celui de l'action. Mais volontairement, il se fait par son côté gauche, du côté de l'intuition, du cœur, de la perception du subtil. Cette action-là n'est donc pas ordinaire, c'est un acte puissant et majeur qui révèle que la transmission est une circulation d'énergie rituelle. Le don, en tant qu'acte rituel, s'effectue par le côté gauche, comme le Soleil se lève à l'Est et donne jusqu'à son coucher, à l'Ouest. L'acte est fait dans le sens de la course du Soleil.

---

1. Fulcanelli, *Le mystère des cathédrales,* éd. J. J. Pauvert, p. 192.
2. Lachaud, *Magie et initiation en Egypte ancienne,* Éditions Dangles, p. 204.

En confiant le trésor à sa suivante, la Dame la désigne comme celle qui va devenir la « grande ». Nous assistons à une passation de fonction, bien que Dame et suivante ne forment qu'un seul être, « dédoublé » afin que la lumière partagée puisse circuler. Le verbe "confier » suggère la nature des liens qui les unissent : le même amour, la même quête de sacré. Cette identité de nature se retrouve dans les vêtements de ces femmes en fonction. La suivante est vêtue d'une robe moirée rouge, semblable au manteau de la Dame. Cette ressemblance suggère qu'elle est le double de la Dame, son relais. Elle reçoit le trésor afin de le transmettre à son tour. Elle a accompagné la Dame à différents stades de son parcours, a été enseignée par elle. Elle est celle qui suit, autrement dit celle qui sert fidèlement. En tant qu'être de confiance, elle est maillon de la longue chaîne de la tradition initiatique féminine.

*
*   *

L'acte de transmettre est l'aboutissement, la concrétisation du chemin spirituel de la Dame, il contient sa totalité. La Dame transmet l'enseignement de la Tradition à celles qui demain continueront ce chemin. La transmission témoigne de la fidélité absolue à l'esprit de la Tradition. Elle est inhérente à la voie afin que la chaîne continue des initiées ne soit jamais rompue.

Cette série de tapisseries est le témoignage précieux et émouvant du vécu d'une communauté de femmes. Grâce à leur travail symbolique, la transmission de la spiritualité féminine a traversé le temps. Comment ne pas avoir le cœur empli de gratitude envers ces Anciennes ? Comment ne pas chercher nous-mêmes à transmettre à notre tour ?

« C'est au créateur seul que doivent aller vos actions de grâce. Pour nous qui ne sommes qu'un jalon posé sur la grande voie de la Tradition ésotérique, nous ne réclamons rien, ni souvenir, ni reconnaissance, sinon que vous preniez pour d'autres la même peine que nous avons prise pour vous »[1].

---

1. Fulcanelli, *Le mystère des cathédrales*, éd. Pauvert, p. 206.